Gestión de Innovación Estratégica:
Ventaja Competitiva en el Mundo Digital

En un mundo en constante evolución, donde la capacidad de innovar se ha convertido en un factor crítico para el éxito de las empresas en un entorno empresarial altamente competitivo y digitalizado de hoy en día. Es ahí donde la innovación estratégica se ha posicionado como el motor impulsor de crecimiento organizacional y ventaja competitiva sostenible.

Introducción

Como escritores y consultores especializados en gestión de innovación estratégica, emprendimiento, transformación digital e inteligencia artificial, es un honor presentar este libro como una guía exhaustiva para brindar un conocimiento práctico para las emprendedores digitales. A través de estas páginas, explicaremos los conceptos fundamentales, los modelos teóricos y las metodologías prácticas que te ayudarán a aprovechar e implementar el poder de la innovación y llevar a sus organizaciones a nuevos niveles de éxito.

Comenzaremos nuestro viaje adentrándonos en los pilares fundamentales de la innovación estratégica y el análisis del entorno empresarial. Exploraremos cómo el contexto empresarial actual ha dado forma a la importancia de la gestión de la innovación en los negocios, desde la perspectiva OSLO. Además, trazaremos la evolución del concepto de innovación estratégica a lo largo del tiempo, comprendiendo las principales lecciones que las empresas pioneras han desarrollado además de los hitos que pueden ayudarte a dinamizar la innovación empresarial.

A medida que vamos avanzando, nos sumergimos en modelos y marcos teóricos de innovación estratégica, proporcionandote un conjunto de herramientas y enfoques prácticos para identificar oportunidades para diseñar planes de innovación efectivos. Exploraremos el análisis del mercado y las tendencias, así como la importancia de comprender las necesidades de los clientes y utilizar la metodología *"What is your problem?"* para impulsar la generación de ideas y soluciones innovadoras.

Una vez establecido el marco estratégico, nos adentraremos en el desarrollo y la gestión del proceso de innovación. Discutiremos el diseño y prototipado, la identificación y definición de los requerimientos del usuario, y la importancia del prototipado y la validación de prototipos en el ciclo de desarrollo de productos y servicios innovadores. Además, exploraremos estrategias de lanzamiento efectivas y la forma de monitorear y evaluar el desempeño del producto o servicio innovador en el mercado.

Continuando con la lectura, nos enfocaremos en la implementación de proyectos de innovación. Analizaremos la selección y priorización de ideas, y proporcionaremos estrategias para diseñar y gestionar procesos de innovación eficientes. También abordaremos la creación de un entorno propicio para la implementación de la innovación, la gestión de recursos y capacidades, y la medición del impacto de la innovación a través de métricas y KPIs propias de la innovación.

Finalmente, abordaremos el papel crucial de la inteligencia estratégica en la gestión de la innovación. Analizaremos cómo el análisis y diagnóstico de la situación estratégica permite la selección y priorización de proyectos de alto impacto, y cómo la gestión del cambio y el liderazgo son fundamentales para el éxito de los proyectos de innovación. Además, exploraremos la importancia del aprendizaje organizacional, la gestión del conocimiento y la mejora continua en el contexto de la innovación empresarial.

Con esta visión holística de la gestión estratégica de la innovación, espero que este libro sea una valiosa herramienta para los líderes empresariales, emprendedores y profesionales interesados en aprovechar el poder de la innovación para impulsar el crecimiento exponencial de las empresas digitales. A medida que exploremos cada tema, invitamos a los lectores a adoptar una mentalidad abierta, creativa y visionaria, y a aplicar los conocimientos y las mejores prácticas presentadas aquí para transformar su organización y lograr resultados extraordinarios en el mundo empresarial dinámico de hoy.

¡Bienvenidos a este apasionante viaje hacia la excelencia innovadora!

Mapa de temas

1. Introducción a la innovación estratégica y análisis de entorno
    - Introducción a la innovación estratégica
    - La importancia de la gestión de la innovación en los negocios (perspectiva OSLO)
    - Evolución del concepto de innovación estratégica a lo largo del tiempo.
    - Análisis del entorno empresarial y de mercado
2. Identificación de oportunidades y diseño de plan de innovación
    - Identificación de oportunidades de innovación análisis del mercado y tendencias
    - Análisis de necesidades de los clientes (buyer persona)
    - Metodología "What is your problem?"
    - Diseño y planificación de un proyecto de innovación
3. Desarrollo y gestión del proceso de innovación: diseño y prototipado
    - Desarrollo y gestión del proceso de gestión de innovación: diseño.
    - Identificación y definición de requerimientos del usuario
    - Diseño conceptual vs Diseño detallado
    - Prototipado y Validación de prototipos
4. Desarrollo y gestión del proceso de innovación: prueba y lanzamiento y diseño de plan de innovación
    - Diseño de un plan de innovación estratégica
    - Estrategias de lanzamiento
    - Monitoreo y evaluación del desempeño del producto o servicio innovador

5. Implementación de Proyectos de Innovación
   - Selección de ideas y priorización de proyectos de innovación
   - Diseño y gestión de procesos de innovación eficientes.
   - Desarrollo de un entorno propicio para la implementación de la innovación.
6. Monitoreo y medición del Impacto de la Innovación
   - Definición de métricas y KPIs para medir el impacto de la innovación.
   - Evaluación de resultados y análisis de retorno de inversión en proyectos de innovación.
   - Medición de la cultura de innovación y el compromiso organizacional.
7. Visión holística de proyectos de innovación bajo la perspectiva de la Inteligencia estratégica
   - Concepto de Inteligencia Estratégica aplicada a la innovación.
   - Análisis y Diagnóstico de la Situación Estratégica
   - Selección y priorización de proyectos de de alto impacto
   - Gestión de la innovación como ventaja competitiva

Capítulo 1

Introducción a la innovación estratégica y análisis de entorno

La gestión de la innovación estratégica es una herramienta fundamental para la supervivencia y el crecimiento de las empresas en un entorno cada vez más competitivo. En la actualidad, la capacidad de identificar oportunidades y adaptarse a los cambios del entorno es esencial para mantener una ventaja competitiva sostenible en el tiempo.

En este sentido, el análisis del entorno empresarial y de mercado es una herramienta clave para identificar tendencias y necesidades de los clientes, así como para evaluar las fortalezas y debilidades de la empresa en relación con la competencia. En este capítulo, se profundizará en los conceptos de innovación estratégica y análisis de entorno, y se presentarán herramientas y técnicas para su aplicación práctica en el contexto empresarial.

Con esta sólida base en la innovación estratégica y el análisis del entorno empresarial, los líderes y profesionales estarán preparados para enfrentar los desafíos de la economía digital y aprovechar las oportunidades emergentes. A lo largo de este libro, los invitamos a sumergirse en los conceptos, modelos y metodologías presentados, y a aplicarlos de manera creativa y efectiva en sus propias organizaciones. La gestión estratégica de la innovación es el camino hacia un futuro próspero, y este libro los guiará en cada paso del viaje.

Introducción a la innovación estratégica

En este capítulo, se establecerán los fundamentos de la innovación estratégica como motor clave para el crecimiento y la ventaja competitiva de las empresas. Se explorarán los conceptos esenciales de la innovación estratégica, su importancia en el entorno empresarial actual y cómo se integra en la planificación y toma de decisiones estratégicas. Además, se presentarán ejemplos prácticos y casos de estudio de empresas reales que han utilizado la innovación estratégica de manera efectiva para lograr el éxito.

La gestión de la innovación estratégica es fundamental para la supervivencia y el éxito a largo plazo de las empresas en un entorno empresarial cada vez más competitivo y cambiante. En este sentido, las empresas deben adoptar un enfoque proactivo para la innovación estratégica, lo que implica tener una visión a largo plazo, tomar decisiones importantes y asignar recursos adecuados.

De acuerdo con Damanpour y Aravind (2012), la innovación estratégica se refiere a la *"introducción de cambios en la dirección y los objetivos de una organización, y en los medios a través de los cuales se buscan estos objetivos"*. Esta definición destaca que la innovación estratégica no solo se trata de crear nuevos productos o servicios, sino también de transformar la empresa en sí misma.

La evolución del concepto de innovación estratégica a lo largo del tiempo ha sido influenciada por diversas corrientes teóricas. En la década de 1960, la innovación se entendía principalmente como una actividad de I+D, enfocada en la creación de nuevos productos o procesos tecnológicos (Damanpour, 1996). A partir de los años 70, la innovación comenzó a ser considerada como un proceso más amplio y diverso, que involucra tanto aspectos tecnológicos como organizacionales y de marketing (Tidd y Bessant, 2014).

En la actualidad, la innovación estratégica se entiende como un proceso que implica la creación y desarrollo de nuevas oportunidades de negocio, la exploración y explotación de recursos y capacidades, y la mejora continua de la organización para adaptarse a un entorno cambiante (Teece, 2018).

El enfoque en la gestión de la innovación estratégica ha evolucionado con el tiempo y se ha convertido en una prioridad para las empresas. En el pasado, la innovación se centraba principalmente en la mejora de la eficiencia y la productividad, mientras que hoy en día, la innovación estratégica se enfoca en la creación de valor a largo plazo y la adaptación a los cambios del entorno empresarial (Chesbrough, 2010). Para tener éxito en la innovación estratégica, es importante adoptar un enfoque integrado que aborde tanto la mejora de los productos y servicios actuales como la creación de nuevos productos y servicios, y al mismo tiempo, mejore la eficiencia y la eficacia de la organización (Tidd y Bessant, 2018).

Analizando los hitos más sobresalientes en la historia en relación a la gestión de la innovación, podemos identificar a Apple Inc. Donde una innovación estratégica de Apple fue el lanzamiento del primer iPhone en 2007. En un momento en que los teléfonos móviles eran principalmente utilizados para realizar llamadas y enviar mensajes de texto, Apple introdujo un dispositivo que fusionaba un teléfono, un reproductor de música y un dispositivo de Internet en uno solo. Este enfoque innovador cambió por completo la industria de los teléfonos móviles y estableció un nuevo estándar para la experiencia del usuario.

El caso de Apple destaca la importancia de la innovación estratégica en la creación de ventajas competitivas duraderas. A través de su enfoque estratégico en la innovación, Apple ha logrado diferenciarse en el mercado, generar un fuerte vínculo emocional con sus clientes y mantener una posición líder en la industria tecnológica. Su éxito demuestra cómo la innovación estratégica puede impulsar el crecimiento exponencial y la relevancia en un entorno empresarial altamente competitivo.

Sin duda, es importante tener en cuenta que el éxito de Apple no se basa únicamente en sus recursos económicos, sino también en su enfoque estratégico y su capacidad para comprender el entorno en el que opera. Para emprendedores y empresas de menor escala, es fundamental adoptar un enfoque similar al abordar la innovación estratégica.

En lugar de enamorarse de una idea o producto específico, es crucial comprender holísticamente el sector, el nicho de mercado, la tribu de consumidores y el entorno en el que se desea incursionar. Esto implica llevar a cabo un análisis exhaustivo, evaluar las tendencias, identificar las necesidades insatisfechas y comprender las dinámicas de la competencia.

En resumen, al embarcarse en un proyecto emprendedor, es esencial tener una visión estratégica clara que vaya más allá de la idea o el producto inicial. Comprender el entorno, adoptar un enfoque centrado en el cliente y utilizar herramientas de análisis estratégico son elementos clave para aumentar las posibilidades de éxito. La innovación estratégica es un proceso dinámico y continuo que requiere una mentalidad abierta, disposición para aprender y adaptabilidad para enfrentar los desafíos y aprovechar las oportunidades en el camino hacia el éxito emprendedor.

La importancia de la gestión de la innovación en los negocios (perspectiva OSLO)

La importancia de la gestión de la innovación en los negocios desde la perspectiva del manual de OSLO radica en su capacidad para impulsar el crecimiento económico, mejorar la competitividad y fomentar el desarrollo sostenible. El manual de OSLO, desarrollado por la Organización para la Cooperación y el Desarrollo Económicos (OCDE), proporciona directrices y principios reconocidos internacionalmente para la medición y el análisis de la innovación.

La perspectiva OSLO es un marco teórico útil para comprender la innovación estratégica y su importancia en los negocios. OSLO es un acrónimo de cuatro factores que se consideran esenciales para la innovación estratégica: orientación, selección, liderazgo y organización (Damanpour y Aravind, 2012). La orientación se refiere a la creación de una cultura innovadora en la empresa, mientras que la selección se refiere a la identificación de oportunidades de innovación y la toma de decisiones estratégicas sobre qué oportunidades perseguir.

El liderazgo se refiere al papel de los líderes en la promoción y el apoyo a la innovación estratégica, y la organización se refiere a la creación de estructuras y procesos que fomenten y apoyen la innovación estratégica. Al adoptar la perspectiva del manual de OSLO, las empresas pueden mejorar su capacidad para llevar a cabo la innovación estratégica de manera efectiva y sostenible.

La gestión de la innovación es fundamental para la supervivencia y éxito de las empresas en un mundo cada vez más competitivo e incierto. Desde la perspectiva OSLO, la gestión de la innovación implica el uso estratégico de la creatividad, la investigación y el desarrollo para crear nuevos productos, servicios y procesos que satisfagan las necesidades de los clientes y se adapten a las cambiantes condiciones del mercado.

Según Brem y Viardot (2017), la gestión de la innovación es esencial para que las empresas se adapten a las demandas de los clientes, a las nuevas tecnologías y a las condiciones del mercado. Las empresas que no innovan corren el riesgo de quedarse atrás y perder cuota de mercado.

Una de las contribuciones clave del manual de OSLO es su enfoque holístico de la innovación. Reconoce que la innovación no se limita solo a la creación de nuevos productos o tecnologías, sino que abarca también aspectos como la innovación en procesos, organización, marketing y modelos de negocio. Este enfoque amplio refleja la naturaleza multifacética de la innovación y su capacidad para generar valor en múltiples dimensiones.

La perspectiva OSLO destaca la importancia de una gestión de la innovación abierta, donde se fomente la colaboración con clientes, proveedores, universidades y otros actores del ecosistema empresarial para generar ideas y desarrollar soluciones innovadoras. Además, la gestión de la innovación debe ser un proceso continuo y sistemático, que involucre a toda la organización y tenga en cuenta factores internos y externos, tales como la cultura empresarial, la capacidad de absorción y la competencia (Tidd et al., 2017). Un enfoque sistémico de la gestión de la innovación también implica la integración de diversas disciplinas y áreas funcionales de la empresa, tales como la estrategia, de marketing, la investigación y desarrollo, la producción y la gestión de proyectos (Prajogo, 2016).

La gestión efectiva de la innovación implica el establecimiento de procesos y estructuras que fomenten la generación constante de ideas, la identificación de oportunidades, el desarrollo de proyectos y la implementación exitosa de innovaciones. También implica la colaboración y el intercambio de conocimientos tanto internamente, a través de las diferentes áreas de la empresa, como externamente, en asociación con otros actores clave, como proveedores, clientes y socios estratégicos.

Por último, la gestión de la innovación también se relaciona con la capacidad de la empresa para crear y aprovechar oportunidades de innovación, lo que implica estar atentos a las tendencias del mercado, a las necesidades de los clientes y a las nuevas tecnologías y herramientas.

La gestión de la innovación también implica la identificación y gestión de riesgos, la evaluación del retorno de inversión y la creación de una cultura empresarial que fomente la creatividad y la experimentación (Hansen y Birkinshaw, 2019). En otras palabras, la gestión de la innovación es un proceso fundamental para el éxito empresarial y requiere un enfoque estratégico y sistemático que involucra a toda la organización y tenga en cuenta factores internos y externos del entorno empresarial.

En resumen, la gestión de la innovación desempeña un papel fundamental en los negocios desde la perspectiva del manual de OSLO. Al seguir sus directrices, las empresas pueden maximizar su capacidad para generar y aplicar innovaciones, fortalecer su competitividad en el mercado y contribuir al desarrollo económico y social en general.

Al leer y analizar este manual, los profesionales y emprendedores pueden obtener una visión más profunda de los conceptos y prácticas relacionadas con la innovación y utilizar esta información para impulsar el crecimiento y el desarrollo en sus respectivos ámbitos.

Evolución del concepto de innovación estratégica a lo largo del tiempo.

Durante la última década, el concepto de innovación estratégica ha evolucionado significativamente, pasando de ser un enfoque centrado en la tecnología a uno más orientado al cliente y basado en la creación de valor. Según el informe de Global Innovation 1000 de Strategy &, la mayoría de las empresas líderes en innovación han adoptado una estrategia de innovación orientada al cliente para poder diferenciarse en el mercado (Brem et al., 2018).

En este sentido, la innovación se ha convertido en una parte clave de la estrategia de negocio de las empresas, permitiéndoles competir en un mercado cada vez más globalizado y cambiante.

En sus primeras etapas, la innovación estratégica se enfoca en el desarrollo de nuevas tecnologías y en la mejora de procesos productivos (Afuah, 2003). Con el tiempo, se comenzó a prestar mayor atención a la integración de la innovación en la estrategia empresarial, reconociéndose como una herramienta clave para la creación de valor y la obtención de ventajas competitivas sostenibles.

Actualmente, el concepto de innovación estratégica ha evolucionado para abarcar una perspectiva más amplia, que incluye la innovación en productos, procesos, modelos de negocio y estrategias empresariales (Teece, 2018). Además, la incorporación de tecnologías digitales y la creciente interconexión global están transformando la forma en que se lleva a cabo la innovación estratégica en las empresas. Se espera que en el futuro, la innovación estratégica siga evolucionando y adaptándose a los cambios en el entorno empresarial y a las nuevas tecnologías emergentes, como la inteligencia artificial y el blockchain (Gassmann et al., 2020).

En la actualidad, la innovación estratégica se ha convertido en una herramienta fundamental para que las empresas puedan adaptarse a un entorno empresarial cada vez más complejo y competitivo. Según un estudio de Accenture, el 84% de los ejecutivos cree que la innovación es clave para alcanzar el éxito empresarial en el futuro (Accenture, 2019). En este sentido, se ha empezado a hablar de la "cultura de la innovación" como un elemento indispensable para fomentar la creatividad, la experimentación y el aprendizaje constante dentro de las organizaciones (Borrego, 2021). Además, la transformación digital y la inteligencia artificial están cambiando radicalmente la forma en que las empresas abordan la innovación, permitiéndoles mejorar sus procesos, productos y servicios de manera más rápida y eficiente (Nambisan y Barón, 2019).

El concepto de innovación estratégica ha experimentado una evolución significativa a lo largo del tiempo, adaptándose a los cambios en el entorno empresarial y a las nuevas realidades económicas y tecnológicas. A continuación, exploraremos las principales etapas en la evolución del concepto de innovación estratégica:

> Innovación como mejora incremental: En sus inicios, la innovación estratégica se centraba principalmente en la mejora incremental de productos y procesos existentes. Las empresas buscaban formas de optimizar su eficiencia y calidad a través de pequeños cambios y ajustes.

> Innovación disruptiva: En la década de 1990, el profesor Clayton Christensen introdujo el concepto de innovación disruptiva. Se refería a la capacidad de las empresas para introducir productos o servicios radicalmente nuevos que transforman industrias completas y desplazan a los actores establecidos. Esta visión de la innovación estratégica puso énfasis en la necesidad de identificar oportunidades de

mercado poco atendidas y en la capacidad de adaptación y agilidad empresarial.

> Innovación abierta y colaborativa: A medida que avanzaba el siglo XXI, se reconoció cada vez más el valor de la colaboración y el intercambio de conocimientos en el proceso de innovación. Surgió el concepto de innovación abierta, que implicaba buscar ideas y recursos fuera de la organización, colaborando con socios externos, como startups, universidades y proveedores. Esta perspectiva promovió la idea de que ninguna empresa tiene el monopolio de todas las ideas y que la colaboración puede generar resultados más impactantes.

> Innovación basada en plataformas y ecosistemas: En los últimos años, la innovación estratégica ha evolucionado hacia un enfoque basado en plataformas y ecosistemas. Las empresas reconocen la importancia de construir y participar en ecosistemas empresariales más amplios, donde múltiples actores interconectados contribuyen a la creación de valor. Las plataformas digitales se han convertido en facilitadoras clave de esta innovación basada en ecosistemas, permitiendo la colaboración, la integración y la creación conjunta de valor.

> *"La evolución del concepto de innovación estratégica ha pasado de una perspectiva centrada en la mejora incremental a enfoques más disruptivos, abiertos y colaborativos, y finalmente hacia la innovación basada en plataformas y ecosistemas."*

Esta evolución refleja la necesidad de adaptarse a un entorno empresarial en constante cambio y aprovechar las oportunidades que surgen de la convergencia de tecnologías, la globalización y la interconexión de actores clave. La innovación estratégica sigue siendo fundamental para el éxito empresarial en el siglo XXI y continuará evolucionando a medida que se presenten nuevos desafíos y oportunidades.

En resumen, la innovación estratégica ha evolucionado desde una perspectiva centrada en la tecnología y los procesos hacia una perspectiva más amplia que incluye la innovación en productos, procesos, modelos de negocio y estrategias empresariales. La incorporación de tecnologías digitales y la interconexión global están transformando la forma en que se lleva a cabo la innovación estratégica, y se espera que la innovación estratégica siga evolucionando y adaptándose a los cambios en el entorno empresarial y a las nuevas tecnologías emergentes.

Análisis del entorno empresarial y de mercado

El análisis del entorno empresarial y de mercado es una actividad fundamental para el éxito de las empresas, ya que les permite conocer las oportunidades y amenazas que existen en su entorno y adaptarse a ellas de manera adecuada. Según Aguirre (2015), el entorno de una empresa está compuesto por factores que están fuera de su control, como la competencia, la tecnología, la cultura, los proveedores, los clientes, entre otros.

Es por ello que las empresas necesitan realizar un análisis constante de su entorno para identificar las tendencias y cambios que puedan afectar su negocio. Para ello es importante implementar procesos de vigilancia tecnológica, inteligencia competitiva y análisis estratégico sectorial.

El análisis del entorno empresarial y de mercado implica una etapa crucial en la gestión de la innovación estratégica. Consiste en evaluar y comprender el contexto en el que opera una empresa, identificar las oportunidades y amenazas que surgen del entorno, y comprender las fuerzas competitivas y las tendencias del mercado. A continuación, se presentan los principales elementos a considerar en este análisis:

- **Análisis del entorno macroeconómico:** Consiste en evaluar factores económicos, como el crecimiento económico, las tasas de interés, la inflación y las políticas gubernamentales. Comprender estos aspectos ayuda a anticipar los posibles impactos en el mercado y a ajustar las estrategias de innovación en consecuencia.
- **Análisis estratégico sectorial:** Consiste en evaluar y comprender la dinámica y los factores clave de un sector o industria específica. Este análisis incluye aspectos como el tamaño del mercado, la estructura de la industria, los actores clave, las regulaciones, los riesgos y las tendencias del sector. El análisis estratégico sectorial proporciona

información fundamental para identificar oportunidades de innovación, evaluar la viabilidad de nuevos productos o servicios, y tomar decisiones estratégicas que permitan a la empresa posicionarse de manera efectiva en el mercado.

- Análisis de vigilancia tecnológica: Consiste en monitorear y analizar de manera sistemática los avances tecnológicos relevantes en un sector o industria específica **(pasado)**. La vigilancia tecnológica permite identificar tecnologías, investigaciones científicas, patentes, tendencias y desarrollos que han tenido un impacto en los productos, procesos o servicios de una empresa. Esta práctica ayuda a conocer las innovaciones tecnológicas anteriores, evaluar su relevancia, como fue su evolución y aprender las lecciones de las implementaciones anteriores.
- Análisis de inteligencia competitiva: Se refiere al proceso de recopilación, análisis y uso de información sobre los competidores, sus estrategias, capacidades, productos, precios y posicionamiento en el mercado **(presente).** La inteligencia competitiva permite entender las fortalezas y debilidades de los competidores, identificar oportunidades y amenazas, y tomar decisiones informadas para ganar una ventaja competitiva. Esta práctica implica la recopilación de datos de fuentes diversas, como informes de mercado, análisis financieros, noticias, redes sociales y entrevistas a clientes y empleados.
- Análisis del entorno competitivo: Implica identificar y evaluar a los competidores directos e indirectos en el mercado. Se deben considerar aspectos como la participación de mercado, las estrategias de precios, la oferta de productos o servicios y las ventajas competitivas. Este análisis ayuda a identificar oportunidades para la diferenciación y la creación de valor en el mercado.
- Análisis de las tendencias del mercado: Consiste en identificar las tendencias actuales y emergentes en el mercado que pueden influir en la demanda de productos

o servicios. Esto puede incluir cambios en los comportamientos de los consumidores, avances tecnológicos, cambios demográficos y preferencias sociales. Comprender estas tendencias permite adaptar la estrategia de innovación para satisfacer las necesidades cambiantes del mercado.

- Análisis de los clientes y usuarios: Implica comprender las necesidades, deseos y preferencias de los clientes. Se pueden utilizar herramientas como la creación de perfiles de clientes (buyer personas), encuestas, análisis de datos y estudios de mercado para obtener información sobre los segmentos de clientes y sus demandas. Esto ayuda a identificar oportunidades de innovación que puedan satisfacer mejor las necesidades del mercado.
- Análisis de factores políticos, legales y medioambientales: Implica evaluar el marco político y legal en el que opera la empresa, así como los aspectos relacionados con la sostenibilidad y el impacto medioambiental. Estos factores pueden influir en la viabilidad y aceptación de las innovaciones, y es necesario considerarlos en el diseño de estrategias de innovación.

El análisis del entorno empresarial y de mercado proporciona una base sólida para la toma de decisiones estratégicas en términos de innovación. Permite a las empresas identificar oportunidades, anticipar cambios y adaptar su enfoque para mantener una ventaja competitiva. Al comprender los elementos clave del entorno, las empresas pueden tomar decisiones más informadas y diseñar estrategias de innovación efectivas y orientadas al mercado. En resumen, el análisis del entorno empresarial y de mercado es crucial para que las empresas puedan adaptarse a los cambios y aprovechar las oportunidades que se presentan en su entorno. Las empresas deben estar atentas a los factores que puedan influir en su negocio y realizar un análisis constante de su entorno para tomar decisiones informadas y estratégicas.

Capítulo 2

Identificación de oportunidades y diseño de plan de innovación

En este capítulo nos adentraremos en el emocionante proceso de identificación de oportunidades y diseño de un plan de innovación efectivo. Comprenderemos cómo se puede desarrollar un ojo perspicaz para detectar las señales del mercado y convertirlas en ideas innovadoras que impulsen el crecimiento y la diferenciación.

La identificación de oportunidades de innovación es fundamental para el éxito de un plan de innovación. En este proceso se busca detectar necesidades no cubiertas por el mercado o posibles mejoras en productos o servicios existentes. Para ello, es necesario tener un conocimiento profundo del mercado y de las tendencias en el sector.

La identificación de estas oportunidades puede realizarse mediante técnicas como la observación del mercado, la investigación de mercado, la creatividad y el pensamiento lateral. Una vez identificadas las oportunidades, se debe proceder al diseño de un plan de innovación que permita materializar estas ideas en soluciones concretas. Este plan debe establecer los objetivos, los recursos necesarios y el calendario de ejecución.

La definición de un plan de innovación bien estructurado permitirá a la empresa focalizar sus esfuerzos en aquellas iniciativas que aporten valor y mejoren su posición competitiva en el mercado.

Identificación de oportunidades de innovación análisis del mercado y tendencias

La identificación de oportunidades de innovación a través del análisis del mercado y tendencias es crucial para el éxito empresarial. La observación cuidadosa del mercado y la detección de tendencias emergentes pueden ayudar a las empresas a anticiparse a las necesidades del mercado y a diseñar productos y servicios innovadores que satisfagan esas necesidades.

Además, el análisis de tendencias también puede proporcionar información valiosa sobre los cambios en el comportamiento del consumidor y las expectativas del mercado, lo que puede ser utilizado para ajustar la estrategia de innovación de la empresa y para la toma de decisiones informadas.

Para identificar oportunidades de innovación, es necesario contar con un profundo conocimiento del mercado y de las tendencias que lo atraviesan. pero este conocimiento no es suficiente, en la época actual con la explosion del mundo digital, debemos incluir herramientas adecuadas nos permitirán descubrir necesidades insatisfechas, puntos de dolor o áreas de mejora que pueden convertirse en fuentes de innovación disruptiva.

El análisis del mercado requiere la consideración de varias dimensiones, entre las que se incluyen el análisis de tendencias, el seguimiento del comportamiento en las redes sociales, el benchmarking y la colaboración con colaboradores externos. Estas herramientas te permitirán obtener una comprensión más profunda de tu entorno empresarial e identificar oportunidades de innovación.

Permítenos profundizar en cada uno de estos aspectos:

> **Análisis de tendencias:** El análisis de tendencias implica identificar y comprender los cambios y patrones que están ocurriendo en tu industria o en áreas relacionadas. Puedes examinar las tendencias de consumo, tecnológicas, sociales, demográficas y económicas. Observa cómo evolucionan las preferencias de los consumidores, qué nuevas tecnologías están surgiendo, cómo se están modificando las dinámicas sociales y cómo influyen los factores macroeconómicos en el mercado. Estas tendencias pueden brindarte ideas sobre nuevas oportunidades de innovación.

> **Comportamiento en las redes sociales:** Las redes sociales son una fuente valiosa de información sobre los consumidores y su comportamiento. Observa las conversaciones y las interacciones en plataformas como Facebook, Twitter, Instagram, LinkedIn y YouTube. Presta atención a las opiniones, las quejas, las necesidades y los deseos de los usuarios. También puedes utilizar herramientas de escucha social para recopilar datos y realizar análisis más profundos sobre las preferencias de tu público objetivo y la percepción de tu marca en las redes sociales.

> **Benchmarking:** El benchmarking implica analizar y comparar el desempeño y las prácticas de tu empresa con respecto a los competidores o a las mejores empresas de la industria. Observa cómo otras empresas abordan los desafíos y las oportunidades de innovación. Examina sus estrategias, productos, servicios, canales de distribución, modelos de negocio y relaciones con los clientes. Identifica las fortalezas y las áreas de mejora en tu empresa y toma nota de las prácticas exitosas que puedas adaptar y aplicar en tu propio negocio.

> **Colaboración con colaboradores externos:** Establecer alianzas y colaboraciones con socios externos puede

brindarte acceso a nuevas perspectivas, conocimientos y recursos. Esto puede incluir la colaboración con proveedores, universidades, institutos de investigación, startups o empresas complementarias. Estas asociaciones pueden generar sinergias, impulsar la innovación conjunta y permitir el intercambio de ideas y conocimientos.

> *"Recuerda que el análisis del mercado no se trata sólo de recopilar datos, sino de interpretarlos y convertirlos en información relevante para tu empresa."*

A través de estas herramientas, podrás obtener una visión más completa del mercado, identificar oportunidades de innovación y tomar decisiones estratégicas informadas para el crecimiento y el éxito de tu negocio.

En resumen, la identificación de oportunidades de innovación a través del análisis del mercado y tendencias puede ser un enfoque altamente efectivo para mejorar la competitividad de las empresas y para mantener una ventaja en un mercado en constante evolución.

Análisis de necesidades de los clientes (buyer persona)

Las empresas modernas buscan conocer a fondo las necesidades de sus clientes, para lo cual emplean diversas técnicas de análisis de mercado. Una de estas técnicas es el análisis de buyer persona, el cual se enfoca en la creación de perfiles detallados de los clientes potenciales, tomando en cuenta sus características demográficas, comportamiento de compra y preferencias de consumo.

Esta técnica permite a las empresas entender mejor a su audiencia y diseñar estrategias de marketing y ventas más efectivas. Según un estudio reciente de Ferreira (2023), el análisis de buyer persona se ha convertido en una herramienta clave en la identificación de necesidades de los clientes en la era digital, permitiendo a las empresas comprender mejor los patrones de compra de los consumidores y ofrecer soluciones personalizadas.

Otra técnica utilizada para analizar las necesidades de los clientes es la minería de datos, que consiste en el análisis de grandes cantidades de información para identificar patrones y tendencias. Con la minería de datos, las empresas pueden identificar rápidamente las necesidades emergentes de los clientes, así como las tendencias del mercado y las oportunidades de innovación.

Un estudio de Flores-Roux et al. (2022) muestra cómo la minería de datos se ha convertido en una herramienta clave en la identificación de las necesidades de los clientes en la era digital, permitiendo a las empresas entender mejor los patrones de compra de los consumidores y las tendencias del mercado. Además, los autores señalan que esta técnica permite a las empresas adaptarse rápidamente a los cambios en el mercado y mejorar su competitividad en un entorno empresarial cada vez más dinámico.

A continuación, te presentamos una propuesta de estructura y los puntos clave que podrías incluir en cada sección, puedes utilizarlo como un *checklist* para analizar si estas cumpliendo los criterios mínimos de la metodología:

I. Introducción al análisis de necesidades de los clientes

- Importancia del análisis de necesidades en la innovación estratégica
- Beneficios de comprender las necesidades de los clientes

II. Concepto de Buyer Persona

- Definición de Buyer Persona
- Por qué es importante crear Buyer Personas en el análisis de necesidades

III. Pasos para realizar un análisis de necesidades de los clientes

- Recopilación de datos e investigación de mercado
- Identificación de segmentos de clientes
- Entrevistas y encuestas a los clientes
- Análisis de datos y patrones comunes

IV. Elementos clave para crear un Buyer Persona

- Datos demográficos y características básicas
- Motivaciones y objetivos
- Desafíos y frustraciones
- Comportamiento de compra y preferencias

V. Herramientas y técnicas para el análisis de necesidades

- Entrevistas en profundidad con clientes
- Encuestas y cuestionarios
- Análisis de datos y patrones

- Observación de comportamientos y feedback de los clientes

VI. Aplicación de los resultados del análisis de necesidades

- Personalización de productos y servicios
- Desarrollo de estrategias de marketing más efectivas
- Identificación de oportunidades de innovación centradas en el cliente

VII. Caso de estudio: Ejemplo de análisis de necesidades y creación de Buyer Personas

- Descripción del caso de estudio
- Proceso de análisis y creación de Buyer Personas
- Resultados y acciones implementadas

VIII. Mejores prácticas y consejos para el análisis de necesidades de los clientes

- Mantener un enfoque continuo en el análisis de necesidades
- Actualizar y refinar los Buyer Personas con regularidad
- Integrar los resultados del análisis en todas las etapas de innovación y desarrollo de productos

IX. Conclusiones

- Resumen de los puntos clave
- Importancia de comprender las necesidades de los clientes para la innovación exitosa

Metodología "What is your problem?"

La metodología "What is your problem?" Se ha vuelto cada vez más popular en los últimos años como una forma efectiva de identificar problemas específicos de los usuarios y desarrollar soluciones innovadoras.

Esta metodología se enfoca en escuchar al usuario y comprender sus necesidades, en lugar de simplemente asumir lo que necesitan. La idea es trabajar en equipo con los usuarios para identificar sus problemas y luego diseñar soluciones creativas que satisfagan esas necesidades.

Un estudio reciente realizado por C. Figueiredo, M. E. Vidal-Suarez y M. Fernandez-Sanchez (2022) investigó la efectividad de la metodología "What is your problem?" en el desarrollo de soluciones innovadoras. Los autores encontraron que la metodología permitió a los diseñadores trabajar de manera más efectiva con los usuarios, lo que llevó a la identificación de problemas más específicos y soluciones más creativas. Además, el estudio encontró que la metodología también ayudó a aumentar la colaboración entre los diseñadores y los usuarios, lo que llevó a soluciones más efectivas.

para poder implementar la metodología WIYP es importante seguir una serie de pasos, los más importantes son:

- Definición del objetivo y alcance del proyecto
- Identificación de los stakeholders involucrados
- Recopilación y análisis de datos sobre los problemas y desafíos
- Generación de insights y definición de los problemas clave
- Ideación de soluciones innovadoras
- Evaluación y selección de las mejores ideas

Cuando desees implementar esta metodología también debes tener en cuenta una serie de herramientas y técnicas que te permitirán implementar de forma exitosa, estas son:

- Entrevistas y observación de usuarios
- Mapas de empatía y customer journey
- Análisis de datos y patrones
- Tormenta de ideas y técnicas de ideación

A pesar que esta es una metodología muy reciente ha tenido una gran aceptación en el ámbito de las consultoras, porque brinda la claridad del proceso, objetivos claros y ayuda a focalizar el objetivo que se desea cumplir.

Para poder implementar exitosamente esta metodología te recomendamos comoplementarla con la técnica de los "7 Why".

Es una herramienta de análisis y resolución de problemas que se utiliza para identificar las causas fundamentales de un problema. Esta técnica se basa en la premisa de que al realizar una serie de preguntas "¿Por qué?" sucesivas, se puede llegar a la raíz o causa principal de un problema, en lugar de quedarse en las causas superficiales o sintomáticas.

El nombre de "7 Why" se deriva de la idea de que generalmente se requieren al menos siete preguntas "¿Por qué?" para llegar a la causa raíz del problema, aunque en algunos casos puede requerir más o menos preguntas.

El proceso de los "7 Why" es simple pero efectivo. Consiste en hacer una pregunta "¿Por qué?" para cada respuesta que se obtenga, profundizando cada vez más en las causas subyacentes. A medida que se continúa con las preguntas, se van eliminando las causas superficiales y se llega a una comprensión más profunda del problema.

El objetivo de la técnica de los "7 Why" es identificar la causa principal del problema para poder abordarlo de manera efectiva y evitar soluciones superficiales que solo tratan los síntomas. Al comprender la causa raíz, se pueden desarrollar soluciones más sólidas y duraderas.

Es importante destacar que esta técnica se utiliza de manera complementaria con WIYP para la resolución de problemas, también puedes usar el "diagrama de causa y efecto" (también conocido como diagrama de espina de pescado o diagrama de Ishikawa), para obtener una visión más completa y precisa del problema.

Diseño y planificación de un proyecto de innovación

La planificación y diseño de un proyecto de innovación es crucial para su éxito. En primer lugar, se debe definir claramente el objetivo del proyecto y el problema que se quiere resolver. Luego, se debe llevar a cabo un análisis del mercado y del entorno empresarial para identificar oportunidades y amenazas, así como analizar la competencia. También es importante identificar las necesidades y expectativas de los clientes para diseñar una solución innovadora que les satisfaga.

Una vez definido el objetivo y el problema a resolver, se debe establecer un plan de acción con tareas y plazos específicos. Es necesario asignar roles y responsabilidades a los miembros del equipo y establecer un presupuesto para el proyecto. La gestión de riesgos también es esencial, y se deben identificar posibles obstáculos y diseñar planes de contingencia en caso de que se presenten.

Además, es importante considerar el impacto que tendrá el proyecto en la empresa y en la sociedad en general, y diseñar medidas para mitigar cualquier impacto negativo. En resumen, el diseño y planificación cuidadosa de un proyecto de innovación son fundamentales para su éxito y para asegurar que la solución propuesta cumpla con las necesidades del mercado y de los clientes.

Para el diseño y planificación de un proyecto de innovación requiere de herramientas prácticas que ayuden a estructurar y organizar las diferentes etapas y actividades del proyecto. A continuación, se presentan algunas herramientas útiles para esta tarea:

> **Canvas de Modelo de Negocio:** Es una herramienta visual que permite diseñar y analizar modelos de negocio. Es útil

para definir la propuesta de valor, los segmentos de clientes, las fuentes de ingresos, los canales de distribución, las actividades clave, los recursos necesarios y las asociaciones estratégicas.

> **Diagrama de Gantt:** Es una herramienta que permite visualizar las tareas, plazos y dependencias de un proyecto en un formato de línea de tiempo. Permite planificar y programar las actividades del proyecto, asignar recursos, establecer hitos y monitorear el progreso.

> **Matriz RACI:** RACI (Responsable, Aprobador, Consultado e Informado) es una herramienta que define los roles y responsabilidades de cada miembro del equipo en un proyecto. Permite asignar claramente quién es responsable de cada tarea, quién debe aprobarla, quién debe ser consultado y quién debe ser informado.

> **Matriz de riesgos:** Es una herramienta que ayuda a identificar y evaluar los posibles riesgos asociados al proyecto de innovación. Permite clasificar los riesgos en función de su impacto y probabilidad, y desarrollar estrategias de mitigación y contingencia.

> **Mapa de stakeholders:** Es una herramienta que identifica y analiza a las partes interesadas del proyecto, como clientes, proveedores, socios, empleados, reguladores, entre otros. Permite comprender sus intereses, necesidades y expectativas, y diseñar estrategias de participación y comunicación efectivas.

> **Análisis FODA:** Fortalezas, Oportunidades, Debilidades y Amenazas - es una herramienta que evalúa interna y externamente un proyecto. Permite identificar los puntos fuertes y débiles internos del proyecto, así como las oportunidades y amenazas del entorno, para desarrollar estrategias que aprovechen las fortalezas y oportunidades, y mitiguen las debilidades y amenazas.

> **Evaluación de viabilidad:** Es una herramienta que permite evaluar la factibilidad técnica, económica y comercial del proyecto de innovación. Incluye análisis de costos, análisis de mercado, análisis competitivo, análisis técnico y evaluación financiera, entre otros aspectos.

> **La técnica del Ikigai:** es un enfoque japonés que busca encontrar el propósito y la satisfacción en la vida a través de la convergencia de cuatro elementos fundamentales: *lo que amas hacer, lo que se te da bien hacer, lo que el mundo necesita y lo que puedes obtener una compensación económica*. Esta técnica propone que al encontrar la intersección de estos cuatro aspectos, se alcanza un estado de plenitud y realización personal.

Capítulo 3

Desarrollo y gestión del proceso de innovación: diseño y prototipado

En este capítulo, exploraremos el proceso de diseño y prototipado como parte integral de la gestión de la innovación. Analizaremos las diversas herramientas y tecnologías disponibles para el prototipado rápido, que han revolucionado la forma en que las organizaciones desarrollan productos y servicios innovadores. Además, profundizaremos en la importancia de una adecuada gestión del proceso de innovación, que implica asignar los recursos adecuados, establecer roles y responsabilidades claras, fomentar una comunicación abierta y efectiva, y realizar una evaluación continua del progreso del proyecto.

El proceso de desarrollo de prototipos se ha vuelto cada vez más importante en el proceso de innovación. Los prototipos permiten a los diseñadores y desarrolladores de productos probar soluciones potenciales y validar su eficacia antes de la producción en masa. El uso de herramientas y tecnologías de prototipado rápido ha acelerado el proceso de diseño y ha permitido a los equipos de innovación iterar y mejorar rápidamente las soluciones.

Además, la gestión adecuada del proceso de innovación también es crucial para garantizar el éxito del proyecto. Esto implica la asignación adecuada de recursos, la definición clara de roles y responsabilidades, la comunicación abierta y efectiva entre los miembros del equipo y la evaluación continua del progreso del proyecto.

Desarrollo y gestión del proceso de gestión de innovación: diseño.

El diseño es una fase crucial del proceso de gestión de la innovación, ya que es donde se convierten las ideas en soluciones tangibles. En esta fase, los equipos de innovación trabajan para crear prototipos y modelos que reflejen las necesidades y deseos de los usuarios. El objetivo es desarrollar soluciones que sean estéticamente atractivas y funcionales, y que se puedan producir de manera rentable. El diseño no solo se enfoca en la apariencia de los productos o servicios, sino también en su usabilidad y accesibilidad para los usuarios. Es importante que los equipos de innovación trabajen en estrecha colaboración con los usuarios durante esta fase para asegurarse de que las soluciones desarrolladas satisfagan sus necesidades y deseos.

La gestión efectiva del proceso de diseño en la innovación requiere la aplicación de métodos y herramientas adecuados para garantizar que las soluciones sean viables y factibles. Los equipos de innovación pueden utilizar enfoques como el Design Thinking y el User Experience Design para guiar su trabajo en esta fase. Estos enfoques se centran en la empatía con el usuario, la definición del problema, la ideación, el prototipado y la iteración.

Además, los equipos de innovación deben trabajar en colaboración con otras áreas de la empresa, como la producción, para asegurarse de que las soluciones desarrolladas sean factibles y se puedan producir de manera rentable. En resumen, el diseño es una fase crítica del proceso de gestión de la innovación, que requiere la aplicación de enfoques y herramientas adecuados, y una estrecha colaboración con los usuarios y otras áreas de la empresa.

En el proceso de desarrollo y gestión del diseño en la innovación, existen varias herramientas prácticas y software disponibles que pueden ayudar a los equipos a visualizar, diseñar y colaborar de manera efectiva. A continuación, se presentan algunas herramientas populares y funcionales que pueden ser utilizadas en este contexto:

> Sketch: Es una herramienta de diseño de interfaces de usuario que permite crear prototipos de alta fidelidad. Con Sketch, los equipos pueden diseñar y compartir visualmente sus ideas, colaborar en tiempo real y obtener retroalimentación rápida de los stakeholders.

> Adobe Creative Cloud: Esta suite de software creativo incluye herramientas como Adobe Illustrator, Photoshop e InDesign, que son ampliamente utilizadas en el diseño gráfico y de productos. Estas herramientas permiten la creación de diseños, ilustraciones y prototipos visualmente atractivos.

> Figma: Es una plataforma de diseño colaborativa basada en la nube que permite a los equipos trabajar juntos en tiempo real. Figma ofrece herramientas de diseño de interfaces, prototipado y colaboración, lo que facilita la comunicación y la iteración en el proceso de diseño.

> InVision: Es una herramienta de diseño y prototipado que permite a los equipos crear prototipos interactivos y obtener retroalimentación de los usuarios. Además, InVision ofrece funcionalidades de colaboración y gestión de proyectos, lo que facilita la organización y seguimiento del proceso de diseño.

> Miro: Es una plataforma de colaboración en línea que combina herramientas de pizarra digital, diseño de diagramas y creación de prototipos. Miro permite a los equipos trabajar

de forma visual, facilitando la generación de ideas, la planificación y el diseño de soluciones innovadoras.

> Trello: Es una herramienta de gestión de proyectos basada en tableros visuales, ideal para organizar y supervisar el proceso de diseño. Trello permite crear listas de tareas, asignar responsabilidades, establecer fechas límite y realizar un seguimiento del progreso de cada etapa del diseño.

> Slack: Es una plataforma de comunicación en equipo que facilita la colaboración y la comunicación fluida entre los miembros del equipo. Slack ofrece canales de chat, integraciones con otras herramientas y la posibilidad de compartir archivos, lo que promueve la colaboración y la gestión efectiva del proceso de diseño.

> Mapas mentales: Los mapas mentales son una herramienta efectiva para organizar ideas y explorar diferentes enfoques. Puedes utilizar software como MindMeister (mindmeister.com) o XMind (xmind.net) para crear mapas mentales interactivos y compartirlos con tu equipo.

> Notion: es una plataforma todo en uno para la organización y colaboración. Combina notas, listas, bases de datos, calendarios y más, ofreciendo flexibilidad y personalización para adaptarse a las necesidades individuales y de equipo.

En lo personal preferimos **notion**, por se una herramienta muy simple, minimalista, de trabajo colaborativo y con gran potencial para usarla en el diseño y seguimiento de los proyectos

Estas son solo algunas de las herramientas disponibles en el mercado que pueden ayudar en el desarrollo y gestión del proceso de diseño en la innovación. Es importante evaluar las necesidades específicas del equipo y la organización, así como explorar las funcionalidades y ventajas de cada herramienta, para seleccionar la más adecuada en cada caso.

Identificación y definición de requerimientos del usuario

El proceso de identificación y definición de los requerimientos del usuario es crucial en el desarrollo de productos y servicios innovadores. Se trata de un enfoque centrado en el usuario que implica la recopilación de información sobre las necesidades y deseos de los clientes potenciales. En este proceso, se deben tener en cuenta factores como la demografía del usuario, sus comportamientos y preferencias, así como su contexto de uso del producto o servicio. Una vez que se han identificado los requerimientos del usuario, se pueden diseñar soluciones que satisfagan sus necesidades de manera efectiva.

Según un estudio realizado por E. Gómez-Ruiz y M. López-López (2022), la identificación y definición de los requerimientos del usuario es esencial para el éxito de los proyectos de innovación. Los autores señalan que este proceso puede ser especialmente difícil en el caso de productos y servicios tecnológicos, donde los usuarios pueden no estar familiarizados con las capacidades y limitaciones de la tecnología.

Sin embargo, el estudio también destaca que el uso de técnicas de diseño centrado en el usuario y la colaboración estrecha con los usuarios pueden ayudar a superar estos desafíos y mejorar la calidad de las soluciones diseñadas. En general, la identificación y definición de los requerimientos del usuario es un paso fundamental en el proceso de innovación y debe ser tomado en cuenta en todas las etapas del proyecto.

La identificación y definición de requerimientos del usuario es un proceso fundamental para el éxito de cualquier proyecto. Para comenzar, es importante realizar una investigación de mercado exhaustiva para comprender las necesidades existentes y las soluciones ofrecidas actualmente. Esto proporcionará una base sólida para el análisis.

Además, es crucial realizar entrevistas y encuestas con los usuarios para recopilar información directa sobre sus necesidades, deseos y problemas. Estas interacciones permiten obtener datos cualitativos y cuantitativos que ayudarán a perfilar los requerimientos específicos. Observar cómo los usuarios interactúan con productos o servicios similares también brinda información valiosa.

Una vez recopilada la información, es necesario analizar los datos y el feedback recibido para identificar patrones y tendencias. Este análisis ayudará a definir los requisitos principales y establecer prioridades. Por último, la creación de buyer personas y la utilización de técnicas como la matriz de requerimientos permitirán perfilar los requisitos de manera clara y precisa.

Es importante destacar que la identificación y definición de requerimientos del usuario es un proceso iterativo y continuo. Es esencial mantener una comunicación constante con los usuarios, estar abierto a su feedback y realizar ajustes según sea necesario.

Para la definición de requisitos te sugerimos utilizar técnicas como la matriz de requerimientos o el método MOSCOW (Must Have, Should Have, Could Have, Won't Have) para priorizar y definir los requisitos específicos del usuario. El método MOSCOW es una técnica utilizada en la gestión de proyectos para establecer y priorizar los requisitos del usuario. Mediante este método, se clasifican los requisitos en cuatro categorías:

> Must Have (Deben Tener): Son los requisitos fundamentales e imprescindibles para el éxito del proyecto. Sin ellos, el producto

o servicio no cumpliría con las expectativas básicas del usuario.

> Should Have (Deberían Tener): Son los requisitos importantes pero no críticos. Su inclusión mejoraría la experiencia del usuario y la funcionalidad del producto o servicio, pero no son indispensables.

> Could Have (Podrían Tener): Son los requisitos deseables pero no esenciales. Si se cuenta con tiempo y recursos adicionales, se pueden considerar para su implementación, pero no comprometen la funcionalidad básica.

> Won't Have (No Tendrán): Son los requisitos que se han descartado o pospuesto para futuras iteraciones o versiones. No se considerarán en la fase actual del proyecto.

El método MOSCOW permite establecer una clara jerarquía de los requisitos del usuario y facilita la toma de decisiones en cuanto a la planificación y asignación de recursos en el proceso de desarrollo y gestión de la innovación.

Diseño conceptual vs Diseño detallado

El diseño conceptual y el diseño detallado son dos fases diferentes del proceso de diseño que pueden tener un gran impacto en el éxito del producto final. Como lo señaló Jani Romanoff en su libro "Product Concept Design: A Review of the Conceptual Design of Products in Industry" (2022), el diseño conceptual es una etapa inicial en la que se exploran múltiples soluciones y se selecciona la mejor opción en función de los objetivos y criterios definidos. Por otro lado, el diseño detallado se enfoca en desarrollar el producto seleccionado en detalle, refinando la solución y abordando problemas específicos.

El diseño conceptual se centra en la generación de ideas y conceptos iniciales. En esta etapa, se exploran diferentes enfoques y se busca capturar la esencia y la visión del producto. Se suelen utilizar técnicas como el brainstorming y la creación de prototipos de baja fidelidad para visualizar y comunicar las ideas de manera rápida y efectiva. El diseño conceptual permite evaluar diferentes opciones y seleccionar la dirección más prometedora para el desarrollo posterior.

Por otro lado, el diseño detallado se enfoca en los aspectos técnicos y prácticos del producto. En esta etapa, se definen los detalles específicos del diseño, como las dimensiones, los materiales, las funcionalidades y las interfaces. Se realiza un análisis más profundo y se elaboran planos, esquemas y especificaciones técnicas precisas. El diseño detallado implica un mayor nivel de precisión y es fundamental para garantizar la viabilidad y la calidad del producto final.

Ambas etapas son complementarias y se retroalimentan entre sí. El diseño conceptual establece las bases y la visión del producto, mientras que el diseño detallado se encarga de los aspectos prácticos y técnicos para su implementación. Un enfoque equilibrado y bien gestionado de ambos diseños es fundamental para lograr un producto exitoso y satisfactorio para los usuarios.

A pesar de que ambos tipos de diseño son importantes, es esencial tener en cuenta que el diseño conceptual tiene un impacto crítico en la dirección y el éxito del proyecto. Como señala Brown et al. en su artículo *"The Changing Nature of Design Thinking and its Application to Enterprise Systems"* (2023), el diseño conceptual ayuda a definir el problema que se está tratando de resolver, identificar las necesidades de los usuarios y explorar múltiples soluciones creativas antes de decidir la mejor opción. Es por ello que la fase de diseño conceptual no debe subestimarse o pasarse por alto, ya que puede conducir a soluciones más innovadoras y efectivas en el futuro.

Prototipado y Validación de prototipos

En el proceso de diseño de un producto o servicio innovador, el prototipado y la validación de prototipos son fases críticas para garantizar que el producto final cumpla con las necesidades y expectativas de los usuarios. El prototipado implica la creación de un modelo a escala o a tamaño completo del producto o servicio que se está desarrollando, mientras que la validación de prototipos implica someter ese prototipo a pruebas exhaustivas para determinar su eficacia y detectar cualquier problema o falla. Esta fase de diseño es importante porque permite a los diseñadores e innovadores identificar y corregir errores y mejorar el producto antes de su lanzamiento al mercado. Es importante destacar que la validación de prototipos no es un proceso único, sino que debe ser repetido varias veces hasta que se logre un resultado satisfactorio.

Existen varias técnicas y herramientas que se pueden utilizar para el prototipado y validación de prototipos. Algunas de ellas son:

> **Prototipado de baja fidelidad:** Utilizar herramientas sencillas como papel, lápiz, cartulina y objetos físicos para crear prototipos rápidos y de bajo costo. Esto permite visualizar ideas y conceptos de manera rápida y obtener feedback temprano.

> **Prototipado digital:** Utilizar software de diseño como Adobe XD, Sketch o Figma para crear prototipos interactivos y navegables. Estas herramientas permiten simular la experiencia del usuario y probar la funcionalidad del producto.

> **Maquetas rápidas:** Utilizar impresoras 3D o cortadoras láser para crear maquetas físicas de los productos. Estas maquetas permiten evaluar el aspecto y la ergonomía del producto, así como realizar pruebas de uso.

> Mockups y wireframes: Utilizar herramientas como Balsamiq, Mockups o InVision para crear mockups y wireframes, que son representaciones estáticas de la interfaz de usuario. Estas herramientas permiten definir la estructura y el diseño visual de la aplicación o sitio web.

> Pruebas de usabilidad: Realizar pruebas de usabilidad con usuarios reales para evaluar la facilidad de uso y la experiencia del usuario. Se pueden utilizar herramientas como UserTesting o Lookback para realizar pruebas remotas y recopilar feedback.

> Modelado 3D: Si tu proyecto implica el diseño de productos físicos, el modelado 3D es esencial. Autodesk Fusion 360 (autodesk.com/fusion360) es un software ampliamente utilizado que combina diseño paramétrico, simulación y herramientas de fabricación.

> Sesiones de co-creación y diseño participativo: Microsoft Whiteboard (whiteboard.microsoft.com) y Miro (miro.com) son herramientas colaborativas que permiten realizar sesiones virtuales donde los usuarios pueden participar activamente en el diseño y definición de requerimientos.

Es importante adaptar las técnicas y herramientas según las necesidades del proyecto y los recursos disponibles. La clave está en crear prototipos que permitan obtener feedback temprano y validar las ideas antes de invertir tiempo y recursos en el desarrollo completo del producto.

Capítulo 4

Desarrollo y gestión del proceso de innovación: prueba y lanzamiento y diseño de plan de innovación

El proceso de prueba y lanzamiento es crucial en el desarrollo y gestión del proceso de innovación. Durante esta fase, se prueban y validan las soluciones diseñadas para asegurarse de que cumplan con las necesidades del usuario y sean viables desde una perspectiva técnica y económica. La retroalimentación de los usuarios es esencial en esta etapa, ya que permite realizar ajustes y mejoras antes del lanzamiento final.

Además, es importante tener un plan de innovación bien definido que guíe el proceso desde el inicio hasta el lanzamiento, estableciendo metas claras y plazos realistas para cada etapa. Un buen plan de innovación también debe considerar los recursos necesarios, los riesgos potenciales y las estrategias de marketing para asegurar una implementación exitosa.

Exploraremos las estrategias y técnicas para llevar a cabo pruebas efectivas de las soluciones desarrolladas. Mediante pruebas exhaustivas, podremos evaluar la funcionalidad, usabilidad y viabilidad de los productos o servicios innovadores. La retroalimentación y el involucramiento de los usuarios jugarán un papel fundamental para identificar oportunidades de mejora y ajustar los prototipos en consecuencia.

Diseño de un plan de innovación estratégica

El diseño de un plan de innovación estratégica es crucial para el éxito de cualquier iniciativa de innovación. En un estudio reciente realizado por Navarro (2021), se examinó la relación entre el diseño del plan de innovación estratégica y el desempeño innovador de las empresas. Los autores encontraron que el diseño adecuado del plan de innovación estratégica puede conducir a una mejor alineación entre la estrategia de innovación y la estrategia general de la empresa, lo que a su vez puede mejorar el desempeño innovador. Además, el estudio destacó la importancia de la comunicación efectiva y la participación de los empleados en el proceso de diseño del plan de innovación estratégica.

Otro estudio realizado por Naseri (2022) exploró cómo el diseño de un plan de innovación estratégica puede afectar la capacidad de una empresa para competir en un mercado cambiante. Los autores encontraron que un enfoque centrado en el cliente en el diseño del plan de innovación estratégica puede ayudar a las empresas a desarrollar soluciones innovadoras que satisfagan las necesidades cambiantes de los clientes y les permitan competir con éxito. Además, el estudio destacó la importancia de la flexibilidad en el diseño del plan de innovación estratégica, lo que permite a las empresas adaptarse a los cambios en el mercado y seguir siendo competitivas. En general, estos estudios resaltan la importancia del diseño adecuado de un plan de innovación estratégica para el éxito de la innovación empresarial.

El diseño de un plan de innovación estratégica es un proceso crucial para garantizar el éxito de las iniciativas innovadoras en una organización. Aquí te presento una metodología paso a paso para crear un plan de innovación estratégica:

> **Análisis del entorno:** Comienza por comprender el entorno empresarial y de mercado en el que operas. Identifica las tendencias, los desafíos y las oportunidades que pueden afectar tu organización.

> **Definición de objetivos:** Establece metas claras y específicas para tu plan de innovación. Estos objetivos deben estar alineados con la estrategia general de la organización y enfocados en impulsar el crecimiento y la ventaja competitiva. Deben ser claros y logrables.

> **Identificación de oportunidades:** Identifica cuales son las oportunidades de innovación mediante el análisis del mercado, las necesidades de los clientes, las tendencias tecnológicas y las ideas internas. Prioriza estas oportunidades en función de su potencial impacto y alineación con los objetivos establecidos.

> **Asignación de recursos:** Determina los recursos necesarios para implementar el plan de innovación. Esto incluye personal, presupuesto, tecnología y otros activos requeridos. Asegúrate de asignar recursos de manera eficiente y equilibrada.

> **Desarrollo de estrategias:** Diseña estrategias específicas para aprovechar las oportunidades identificadas. Estas estrategias pueden incluir el desarrollo de nuevos productos o servicios, la mejora de procesos internos, la colaboración con socios externos, entre otras.

> **Planificación y ejecución:** Elabora un cronograma detallado con acciones y plazos específicos para

cada estrategia. Define los responsables de cada tarea y establece un sistema de seguimiento y control para monitorear el progreso del plan.

> Evaluación y mejora continua: Debes implementar mecanismos de medición y evaluación para analizar los resultados de tu plan de innovación usando los KPI's. Realiza ajustes y mejoras en función de los aprendizajes obtenidos durante la implementación.

Recuerda que el diseño de un plan de innovación estratégica debe ser flexible y adaptable a medida que evolucionan el entorno y las necesidades de la organización. La comunicación efectiva y el compromiso de todos los miembros del equipo son fundamentales para lograr una implementación exitosa y obtener los beneficios esperados de la innovación.

Estrategias de lanzamiento

Las estrategias de lanzamiento son fundamentales en el proceso de innovación, ya que de ellas dependerá en gran medida el éxito del producto o servicio en el mercado. Estas estrategias implican tomar decisiones en cuanto a la fecha y lugar de lanzamiento, la publicidad y promoción, los canales de distribución, entre otros aspectos. Es importante realizar un análisis previo del mercado y de la competencia, para determinar cuál será la mejor estrategia a seguir.

Algunas de las estrategias de lanzamiento más comunes son: lanzamiento simultáneo en diferentes países o regiones, lanzamiento secuencial por etapas, lanzamiento por exclusividad a un grupo selecto de clientes, entre otras. Cada una de ellas tiene sus ventajas y desventajas, por lo que es importante evaluarlas cuidadosamente antes de tomar una decisión. Además, es importante contar con un plan de contingencia en caso de que algo no salga según lo planeado durante el lanzamiento.

Recuerda que una estrategia de lanzamiento debe ser dirigida a un grupo específico, por ello te recomendamos primero crear tu TRIBU, ese grupo de fieles seguidores del concepto que deseas lanzar. Toda estrategia de lanzamiento debe estar bien planificada y debes aprovechar el uso de las herramientas digitales para potencializar ese lanzamiento para que sea tipo cohete.

El concepto de "tribu" en el contexto de un lanzamiento se refiere a un grupo de personas que comparten intereses, valores, creencias o necesidades similares. Estas personas están unidas por una identidad compartida y se consideran parte de una comunidad más amplia. En el marketing, la idea de la tribu se utiliza para identificar y dirigirse a un segmento específico de clientes que comparten características y comportamientos comunes.

Al dirigirse a una tribu, se busca crear una conexión emocional y un sentido de pertenencia. Se trata de generar una comunidad en torno al producto o servicio, donde los miembros de la tribu se sientan identificados y valorados. Esto se logra al comunicar mensajes personalizados y relevantes, utilizar canales de comunicación que sean afines a la tribu y proporcionar experiencias que resuenen con sus valores y aspiraciones.

Al entender y atender las necesidades de la tribu de manera auténtica y efectiva, se puede generar un mayor impacto en el lanzamiento, ya que se está abordando directamente a aquellos que están más dispuestos a adoptar y promover el producto o servicio. Además, al establecer una relación sólida con la tribu, es más probable que se genere un efecto de boca a boca positivo y se impulse la difusión orgánica del producto en su comunidad.

Aquí tienes 10 estrategias de lanzamiento de un producto o servicio nuevo:

> **Lanzamiento en exclusiva:** Ofrece el producto o servicio a un grupo selecto de clientes o a un mercado objetivo específico antes de su lanzamiento general. Esto crea expectativa y genera interés en torno al producto.

> **Campañas de prelanzamiento:** Realiza una campaña de marketing previa al lanzamiento para generar anticipación y despertar el interés de los clientes. Utiliza teasers, adelantos y contenido exclusivo para crear expectativa.

> **Evento digital de lanzamiento:** Organiza un evento especial para presentar el producto o servicio a clientes, socios y medios de comunicación. El evento puede incluir demostraciones, testimonios de clientes y discursos inspiradores.

> **Asociaciones estratégicas:** Establece colaboraciones o alianzas estratégicas con otras empresas o influenciadores que puedan ayudar a promover y respaldar el lanzamiento. Esto puede incluir acuerdos de co-branding, patrocinios o colaboraciones en campañas conjuntas.

> **Ofertas promocionales:** Crea ofertas promocionales atractivas para incentivar a los clientes a probar el nuevo producto o servicio. Esto puede incluir descuentos exclusivos, regalos adicionales o membresías especiales durante el período de lanzamiento.

> **Programas de referidos:** Implementa un programa de referidos en el que los clientes actuales sean recompensados por recomendar el nuevo producto o servicio a otras personas. Esto puede ayudar a generar un boca a boca positivo y ampliar la base de clientes.

> **Marketing de contenidos:** Crea contenido relevante y valioso relacionado con el producto o servicio nuevo. Utiliza blogs, videos, infografías y redes sociales para educar a los clientes potenciales y demostrar el valor y los beneficios del producto.

> **Influencer marketing:** Colabora con influencers o líderes de opinión en tu industria para que promocionen el nuevo producto o servicio a sus seguidores. El respaldo de personas influyentes puede generar confianza y credibilidad entre los clientes potenciales.

> **Pruebas y demostraciones:** Ofrece pruebas gratuitas o demostraciones del producto o servicio a clientes potenciales. Esto les permite experimentar directamente sus características y beneficios, lo que puede generar interés y confianza en la propuesta de valor.

> **Feedback y mejoras continuas:** Recopila activamente comentarios y sugerencias de los clientes sobre el producto o servicio. Utiliza esta retroalimentación para realizar mejoras y

actualizaciones continuas, lo que muestra un compromiso constante con la satisfacción del cliente y la mejora del producto.

Recuerda que cada estrategia debe adaptarse a las características de tu producto, tu mercado objetivo y tus recursos disponibles. Es importante crear un plan de lanzamiento integral que combine diferentes enfoques para maximizar el impacto y generar un impulso exitoso para tu nuevo producto o servicio.

Monitoreo y evaluación del desempeño del producto o servicio innovador

El monitoreo y la evaluación del desempeño del producto o servicio innovador son esenciales para determinar si los objetivos de innovación se están alcanzando y si se están generando los resultados esperados. Para ello, es importante establecer métricas claras y objetivas que permitan medir el impacto y la efectividad de la innovación. Estas métricas pueden incluir, por ejemplo, el aumento en las ventas, la reducción de costos, la mejora en la satisfacción del cliente, la penetración en nuevos mercados, entre otros. Es importante monitorear estas métricas de manera regular para poder tomar decisiones informadas sobre cómo ajustar la estrategia de innovación en caso de ser necesario.

El monitoreo implica recopilar datos y métricas relevantes para medir el desempeño del producto o servicio en diferentes áreas, como la satisfacción del cliente, la adopción del mercado, el crecimiento de ventas, la rentabilidad y otros indicadores clave. Esto se puede lograr mediante el seguimiento de datos internos de la empresa, encuestas a los clientes, análisis de competencia y otros métodos de recolección de información.

Una vez recopilados los datos, se lleva a cabo la evaluación del desempeño, que implica analizar y comparar los resultados obtenidos con los objetivos establecidos y las expectativas iniciales. Se identifican los puntos fuertes y las áreas de mejora, y se toman decisiones informadas para optimizar el producto o servicio y maximizar su rendimiento.

La evaluación del desempeño de un producto o servicio innovador es crucial para determinar su éxito en el mercado y para identificar áreas de mejora. Tradicionalmente, se han utilizado herramientas como encuestas a clientes, análisis de ventas y datos de mercado para medir el desempeño de un producto o servicio innovador. Sin embargo, con el avance de la inteligencia artificial (IA), se han desarrollado nuevas herramientas que permiten una evaluación más eficiente y precisa del desempeño.

Por ejemplo, la IA puede utilizarse para analizar grandes cantidades de datos de redes sociales, reseñas en línea y retroalimentación de los clientes para proporcionar información valiosa sobre el desempeño del producto o servicio.

Además, la IA también puede utilizarse para la identificación de patrones y tendencias en los datos de ventas y de mercado, lo que permite una evaluación más detallada del desempeño del producto o servicio en comparación con la competencia. Al combinar herramientas tradicionales con el uso de la IA, las empresas pueden obtener una evaluación más completa y precisa del desempeño de su producto o servicio innovador y tomar decisiones más informadas sobre cómo mejorarlo.

Capítulo 5

Implementación de Proyectos de Innovación

La implementación de proyectos de innovación es un proceso estratégico que busca convertir ideas innovadoras en realidades tangibles y exitosas en el contexto empresarial. Implica llevar a cabo acciones concretas para ejecutar, gestionar y supervisar proyectos que promuevan el cambio y la mejora en una organización. Este enfoque se basa en la identificación y selección de ideas prometedoras, la asignación adecuada de recursos, la definición de metas claras, la participación activa de los equipos de trabajo y la adopción de enfoques ágiles y flexibles.

"La implementación exitosa de proyectos de innovación requiere una cuidadosa planificación, coordinación y ejecución, así como el involucramiento activo de todos los actores relevantes en la organización."

Selección de ideas y priorización de proyectos de innovación

La selección de ideas y la priorización de proyectos de innovación son procesos críticos para garantizar el éxito en la implementación de la innovación en las organizaciones. Estos procesos implican identificar y evaluar diferentes propuestas de innovación, analizar su viabilidad y potencial de mercado, y asignar recursos de manera estratégica.

Autores como Brown, T. (2019) en su libro "Change by Design: How Design Thinking Transforms Organizations and Inspires Innovation" presentan enfoques basados en el pensamiento de diseño para la selección y priorización de proyectos de innovación. Estos enfoques se centran en entender las necesidades de los usuarios, generar ideas creativas y evaluar las soluciones en función de su valor y viabilidad.

En este contexto, autores como Kim, W. C. y Mauborgne, R. (2005) en su libro *"Blue Ocean Strategy: How to Create Uncontested Market Space and Make Competition Irrelevant"* destacan la importancia de la implementación efectiva de proyectos de innovación para lograr una ventaja competitiva sostenible. Por otro lado, Osterwalder, A., Pigneur, Y., Bernarda, G. y Smith, A. (2014) en su obra "Value Proposition Design: How to Create Products and Services Customers Want" proponen modelos y herramientas prácticas para el diseño y la gestión eficiente de proyectos de innovación.

Además, autores como McGrath, R. G. (2020) en su obra "Seeing Around Corners: How to Spot Inflection Points in Business Before They Happen" abordan la importancia de la anticipación estratégica en la selección de proyectos de innovación. Estos enfoques se basan en identificar señales tempranas de cambio y tendencias emergentes para guiar la toma de decisiones en la selección y priorización de proyectos.

Clasifica las ideas y proyectos de acuerdo con su potencial de impacto y alineación con los objetivos estratégicos de la organización. Utiliza técnicas como la matriz de priorización (por ejemplo, matriz de impacto y esfuerzo) o el método AHP (Proceso Analítico Jerárquico) para asignar una puntuación a cada proyecto y establecer su orden de prioridad.

En la actualidad existen varias metodologías ampliamente utilizadas y reconocidas que pueden ser efectivas en este proceso. A continuación, se mencionan algunas de ellas:

> **Matriz de Impacto vs. Viabilidad:** Consiste en evaluar las ideas en función de dos dimensiones principales: el impacto potencial que podrían tener en el negocio y su viabilidad técnica, financiera y operativa. Se asignan puntajes a cada idea en ambas dimensiones y se utilizan para clasificar y priorizar las ideas.

> **Modelo de Valor Estratégico y Esfuerzo:** Este enfoque se basa en evaluar las ideas en función de su valor estratégico para la organización y el esfuerzo necesario para implementarlas. Se utiliza una matriz o un sistema de puntuación para comparar y priorizar las ideas en función de estos dos criterios.

> **Análisis Costo-Beneficio:** Esta metodología implica evaluar y comparar las ideas en función de los costos asociados con su implementación y los beneficios esperados que podrían generar. Se calculan los costos y beneficios estimados, y se utiliza esta información para tomar decisiones de priorización.

> **Método AHP (Analytic Hierarchy Process):** Esta técnica se basa en la construcción de una jerarquía de criterios y subcriterios relevantes para evaluar las ideas. Se asignan pesos a cada criterio y se realiza una comparación relativa de las ideas en función de esos criterios. Luego, se utiliza un proceso de cálculo matemático para obtener una puntuación final y priorizar las ideas.

El Método AHP fue desarrollado por Thomas L. Saaty en la década de 1970 y se ha aplicado ampliamente en diversos campos, incluyendo la gestión de la innovación. El proceso AHP se basa en la construcción de una jerarquía de criterios y subcriterios relevantes para la evaluación de las alternativas. Esta jerarquía permite descomponer el problema en elementos más pequeños y manejables, lo que facilita la toma de decisiones.

Cada criterio y subcriterio se evalúa en relación con su importancia relativa y se asignan pesos a cada uno de ellos. Posteriormente, se realiza una comparación relativa de las alternativas en función de cada criterio utilizando una escala numérica de preferencias.

Una vez que se ha realizado la comparación en cada nivel de la jerarquía, se calculan las puntuaciones relativas de las alternativas en función de los pesos asignados a los criterios y subcriterios. Estas puntuaciones se utilizan para determinar la prioridad y seleccionar la alternativa más adecuada.

El Método AHP se apoya en cálculos matemáticos y utiliza matrices de comparación y algoritmos para realizar los análisis. Aunque puede ser un proceso riguroso, el AHP ofrece una estructura sistemática y cuantitativa para tomar decisiones en situaciones complejas con múltiples factores a considerar.

El uso del Método AHP en la selección y priorización de proyectos de innovación permite tener en cuenta de manera integral los criterios relevantes y las preferencias de los involucrados. Además, facilita la comunicación y la transparencia en el proceso de toma de decisiones, al proporcionar una base objetiva y cuantitativa para evaluar las alternativas.

En resumen, la selección de ideas y la priorización de proyectos de innovación son procesos fundamentales en la gestión de la innovación. Al utilizar enfoques y herramientas modernas, las organizaciones pueden tomar decisiones más informadas, asignar recursos de manera estratégica y aumentar las posibilidades de éxito en la implementación de proyectos innovadores.

Diseño y gestión de procesos de innovación eficientes.

El diseño y la gestión de procesos de innovación eficientes son fundamentales para asegurar el éxito y la sostenibilidad de los proyectos innovadores en las organizaciones. Estos procesos se refieren a la estructura y flujo de trabajo establecidos para llevar a cabo la generación de ideas, el desarrollo de proyectos, la implementación y la evaluación de resultados.

Un diseño eficiente de los procesos de innovación implica la identificación y eliminación de posibles cuellos de botella, la optimización de los recursos disponibles y la maximización de la productividad. Esto se logra a través de la definición clara de roles y responsabilidades, la asignación adecuada de recursos, la implementación de tecnologías y herramientas de apoyo, y la aplicación de prácticas de gestión de proyectos ágiles.

El diseño y la gestión de procesos de innovación eficientes son elementos clave para asegurar el éxito de los proyectos de innovación. En este contexto, autores como Brown, T. (2008) en su libro *"Design Thinking"* enfatizan la importancia de adoptar un enfoque centrado en el usuario y emplear técnicas de diseño para la generación de ideas innovadoras. Esto implica la aplicación de métodos iterativos, prototipado rápido y pruebas de concepto para iterar y mejorar continuamente los procesos de innovación.

Por otro lado, autores como Chesbrough, H. (2019) en su obra *"Open Innovation: The New Imperative for Creating and Profiting from Technology"* resaltan la necesidad de adoptar enfoques abiertos en la gestión de procesos de innovación. Esto implica buscar ideas y colaboraciones externas, aprovechando la experiencia y conocimientos de socios externos, proveedores y clientes. Asimismo, la gestión eficiente de los recursos, la asignación adecuada de presupuesto y la alineación estratégica son aspectos fundamentales en el diseño y la gestión de procesos de innovación eficientes.

En resumen, el diseño y la gestión de procesos de innovación eficientes requieren adoptar un enfoque centrado en el usuario, utilizar métodos iterativos de diseño y estar abiertos a la colaboración externa. Estos enfoques permiten a las organizaciones mejorar continuamente sus procesos de innovación, maximizar el valor generado y mantener una ventaja competitiva en un entorno empresarial dinámico.

El diseño y la gestión eficientes de los procesos de innovación no solo permiten una ejecución más ágil y efectiva de los proyectos, sino que también fomentan la creatividad, la colaboración y la participación activa de los miembros del equipo. Al establecer una estructura clara y un enfoque sistemático, se facilita la identificación y aprovechamiento de oportunidades de innovación, así como la implementación exitosa de soluciones que generen valor para la organización y sus clientes.

Desarrollo de un entorno propicio para la implementación de la innovación.

El desarrollo de un entorno propicio para la implementación de la innovación es fundamental para fomentar y sostener una cultura innovadora dentro de las organizaciones. Según investigaciones recientes, un entorno favorable a la innovación se caracteriza por la promoción de la creatividad, la colaboración, la autonomía y el apoyo al aprendizaje continuo (Bock, Z., et al., 2021). Esto implica la creación de espacios de trabajo flexibles, la implementación de políticas que fomenten la experimentación y el fracaso constructivo, y la promoción de la diversidad y la inclusión como factores clave para la generación de ideas innovadoras (Schmidt, B., et al., 2022).

Además, es importante que la alta dirección juegue un papel activo en la promoción de la innovación y brinde recursos adecuados para su implementación. Autores como O'Reilly, C. A., y Tushman, M. L. (2019) en su artículo "Ambidexterity as a Dynamic Capability: Resolving the Innovator's Dilemma" destacan la importancia de la ambidextría organizativa, es decir, la capacidad de gestionar tanto la explotación de los negocios existentes como la exploración de nuevas oportunidades, para crear un entorno propicio para la innovación.

Para desarrollar un entorno propicio para la implementación de la innovación en una organización, puedes seguir los siguientes pasos:

> **Fomenta una cultura de innovación:** Crea conciencia sobre la importancia de la innovación y promueve una mentalidad abierta hacia el cambio y la experimentación. Valora y recompensa las ideas y el pensamiento creativo.

> **Establece un liderazgo comprometido:** Los líderes deben ser impulsores de la innovación y dar ejemplo. Deben

proporcionar recursos y apoyo necesario, así como establecer metas y objetivos claros relacionados con la innovación.

> Fomenta la colaboración y el trabajo en equipo: Crea espacios de colaboración donde los miembros de la organización puedan compartir ideas, conocimientos y experiencias. Estimula la participación activa de todos los niveles jerárquicos.

> Establece procesos y estructuras flexibles: Diseña procesos ágiles que permitan la adaptación y la experimentación. Elimina barreras burocráticas y fomenta la toma de decisiones ágil y descentralizada.

> Proporciona recursos y capacidades: Asegúrate de que se asignen los recursos necesarios para llevar a cabo los proyectos de innovación. Proporciona capacitación y desarrollo profesional para mejorar las habilidades y conocimientos relacionados con la innovación.

> Establece canales de comunicación abiertos: Promueve una comunicación clara y abierta en toda la organización. Fomenta el intercambio de ideas y la retroalimentación constructiva.

> Implementa sistemas de gestión de la innovación: Utiliza herramientas y software especializados para gestionar el proceso de innovación, desde la generación de ideas hasta la implementación y evaluación de resultados.

> Establece indicadores de desempeño: Define métricas y KPIs para medir el éxito de los proyectos de innovación. Realiza un seguimiento regular de los resultados y utiliza la retroalimentación para mejorar continuamente.

> Aprende de los fracasos: Reconoce que el fracaso forma parte del proceso de innovación. Fomenta una cultura de

aprendizaje y mejora continua, donde los errores se vean como oportunidades de crecimiento y aprendizaje.

> Celebra los éxitos: Reconoce y celebra los logros obtenidos a través de la innovación. Esto motiva y refuerza el compromiso de la organización con la implementación de la innovación.

Al seguir estos pasos, estarás creando un entorno propicio para la implementación de la innovación, donde las ideas pueden florecer, los proyectos pueden prosperar y la organización puede mantener una ventaja competitiva a través de la creatividad y la adaptabilidad.

En conclusión, el desarrollo de un entorno propicio para la implementación de la innovación requiere promover la creatividad, la colaboración y el aprendizaje continuo, así como brindar un liderazgo comprometido y recursos adecuados. Estas prácticas contribuyen a fomentar una cultura innovadora y a potenciar la capacidad de las organizaciones para adaptarse y prosperar en un entorno empresarial cambiante.

Capítulo 6

Identificación de oportunidades de innovación y diseño de plan de innovación

El monitoreo y la medición del impacto de la innovación son procesos fundamentales para evaluar el éxito y los resultados de las iniciativas innovadoras dentro de una organización. Estas actividades permiten recopilar datos, analizar el progreso y los efectos de las innovaciones implementadas, y realizar ajustes o mejoras en función de los resultados obtenidos. El monitoreo y la medición brindan información valiosa sobre el rendimiento de la innovación, su contribución a los objetivos estratégicos y su impacto en la competitividad y el crecimiento de la organización.

En el ámbito de la medición del impacto de la innovación, es importante contar con indicadores y métricas que sean relevantes y significativos para evaluar el éxito de las iniciativas. Estos pueden incluir métricas financieras, como el retorno de la inversión (ROI) o el crecimiento de los ingresos, así como indicadores cualitativos, como la satisfacción del cliente, la mejora en la eficiencia operativa o la adquisición de nuevas habilidades y conocimientos. En la literatura académica, se destacan varias investigaciones sobre el monitoreo y la medición del impacto de la innovación.

En este sentido, el monitoreo y la medición del impacto de la innovación desempeñan un papel crucial. Estas actividades permiten evaluar el éxito y los resultados de las iniciativas innovadoras, así como realizar ajustes y mejoras en base a los datos recopilados.

Definición de métricas y KPIs para medir el impacto de la innovación.

La definición de métricas y KPIs (Indicadores Clave de Desempeño, por sus siglas en inglés) es fundamental para medir el impacto de la innovación en una organización. Estas métricas y KPIs proporcionan una forma cuantitativa y cualitativa de evaluar los resultados y el éxito de los esfuerzos de innovación. Al definir las métricas y KPIs adecuados, se establecen criterios claros y medibles que permiten monitorear y evaluar el progreso de la innovación, identificar áreas de mejora y tomar decisiones basadas en datos.

Es importante destacar que las métricas y KPIs deben estar alineados con los objetivos y la estrategia de innovación de la organización, y ser relevantes y significativos para medir el impacto real de la innovación en el desempeño y los resultados organizacionales. Como se puede ver en la siguiente imagen, existen diferentes perspectivas para medir y manejar innovaciones dependiendo del nivel estratégico donde se desea implementar.

Cómo Medir y Manejar Innovaciones con KPIs

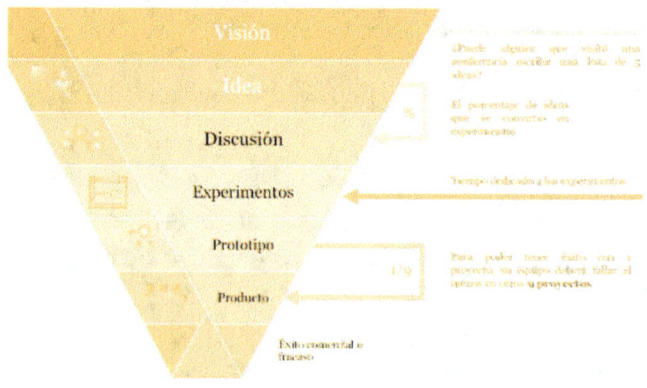

Las métricas pueden abarcar diferentes aspectos de la innovación, como el rendimiento financiero, la satisfacción del cliente, el tiempo de comercialización de nuevos productos o servicios, la eficiencia operativa, la colaboración interna o externa, entre otros. Los KPIs, por su parte, son indicadores específicos que se seleccionan para medir el logro de los objetivos estratégicos relacionados con la innovación.

La definición de métricas y KPIs es fundamental para medir el impacto de la innovación y evaluar su éxito. Estas métricas y KPIs proporcionan una manera cuantitativa de medir los resultados y el desempeño de las iniciativas innovadoras en relación con los objetivos estratégicos de la organización.

A continuación, se presentan ejemplos de algunas métricas comunes y cómo implementarlas:

> Retorno de la Inversión (ROI): Esta métrica mide la eficacia económica de la innovación. Para calcular el ROI, se compara el beneficio obtenido de la innovación con los costos asociados. Se puede implementar estableciendo metas financieras claras y monitoreando los ingresos generados, los ahorros de costos o los beneficios tangibles logrados a través de la innovación.

> Tasa de penetración en el mercado: Esta métrica mide la adopción y aceptación de la innovación por parte del mercado objetivo. Se puede implementar mediante el seguimiento de las ventas o la participación de mercado alcanzada por el producto o servicio innovador.

> Satisfacción del cliente: Esta métrica evalúa el nivel de satisfacción de los clientes con la innovación. Se puede implementar a través de encuestas de satisfacción, análisis de comentarios de los clientes o evaluaciones de Net Promoter Score (NPS).

> **Tiempo de comercialización:** Esta métrica mide el tiempo que transcurre desde el inicio del proceso de innovación hasta la introducción del producto o servicio en el mercado. Se puede implementar mediante el seguimiento y registro del tiempo empleado en cada etapa del proceso de innovación.

> **Índice de eficiencia operativa:** Esta métrica evalúa el impacto de la innovación en la eficiencia y productividad operativa de la organización. Se puede implementar mediante la comparación de métricas como la reducción de costos, el aumento de la productividad o la mejora en los tiempos de entrega.

Es importante reconocer que las métricas mencionadas anteriormente son ampliamente utilizadas por grandes empresas como indicadores clave de rendimiento (KPIs). Sin embargo, cada empresa es única y posee estrategias, enfoques y recursos distintos en diferentes contextos. Por lo tanto, es recomendable que cada emprendedor desarrolle sus propios KPIs personalizados y adaptados a su negocio.

Al crear KPIs a medida, es posible considerar métricas y medidas que sean directamente relevantes para el negocio y que reflejen su estrategia y propósito. Por ejemplo, para una empresa centrada en construir una comunidad sólida, se podría medir la cantidad de miembros de la tribu como un indicador de crecimiento y participación activa. Además, la interacción de los seguidores en las redes sociales podría evaluarse para medir el nivel de compromiso y conexión con la audiencia.

Otras métricas podrían incluir la cantidad de personas que responden de manera afirmativa a los contenidos de valor creados, lo cual reflejaría el impacto y la relevancia de las propuestas. Asimismo, la cantidad de usuarios registrados en una plataforma o los asistentes a eventos virtuales pueden ser indicadores de la aceptación y el interés generado por los servicios o productos ofrecidos.

En resumen, al crear KPIs personalizados, se pueden tener en cuenta métricas específicas y relevantes que se alineen con los objetivos y la estrategia del negocio. Esto permitirá una evaluación más precisa y significativa del desempeño y la efectividad de las iniciativas de innovación, teniendo en cuenta las características y el contexto único de cada empresa.

Evaluación de resultados y análisis de retorno de inversión en proyectos de innovación.

La evaluación de resultados y el análisis de retorno de inversión (ROI) en proyectos de innovación son procesos clave para medir el impacto y la rentabilidad de las iniciativas innovadoras. La evaluación de resultados implica medir los logros obtenidos en relación con los objetivos establecidos, mientras que el análisis de ROI se centra en calcular la rentabilidad financiera del proyecto. Estas actividades permiten evaluar la efectividad de la innovación y tomar decisiones informadas sobre su continuidad y ajustes necesarios (Mehra & Maheshwari, 2021).

Para llevar a cabo la evaluación de resultados y el análisis de ROI, se utilizan técnicas y herramientas adecuadas, como el análisis financiero y la estimación de costos y beneficios. Estas metodologías permiten evaluar el rendimiento financiero del proyecto, considerando aspectos como el aumento de ingresos, la reducción de costos y el valor generado para la organización. Con base en los resultados obtenidos, se pueden tomar decisiones estratégicas para optimizar los recursos y garantizar el éxito de los proyectos de innovación (Van de Ven & Sun, 2018).

A continuación, se mencionan algunas de las herramientas y enfoques comunes utilizados para este propósito:

> Análisis financiero: El análisis financiero es fundamental para evaluar el retorno de inversión en proyectos de innovación. Se utilizan métricas financieras como el valor actual neto (VAN), la tasa interna de retorno (TIR) y el período de recuperación para medir la rentabilidad del proyecto. Herramientas como hojas de cálculo, software de contabilidad y sistemas de gestión financiera pueden ser utilizados para realizar estos cálculos.

> Encuestas y entrevistas: La recopilación de datos a través de encuestas y entrevistas puede proporcionar información valiosa sobre el impacto de la innovación en los usuarios y clientes. Se pueden utilizar herramientas de encuestas en línea como SurveyMonkey, Google Forms o Typeform para recopilar respuestas y luego analizar los datos obtenidos.

> Análisis de datos: El análisis de datos permite examinar patrones y tendencias en los resultados de la innovación. Se pueden utilizar herramientas de análisis de datos como Excel, Tableau o Power BI para visualizar y analizar los datos recopilados. Estas herramientas facilitan la identificación de relaciones y conclusiones clave.

> Evaluación cualitativa: Además de los datos cuantitativos, es importante considerar la evaluación cualitativa de los resultados. Esto implica recopilar información cualitativa a través de estudios de caso, análisis de documentos o grupos de enfoque. Estas técnicas pueden proporcionar una comprensión más profunda de los efectos de la innovación en aspectos no financieros, como la satisfacción del cliente o los cambios en los procesos internos.

Es importante seleccionar las herramientas y enfoques que mejor se adapten a las necesidades específicas del proyecto y a los objetivos de evaluación. Además, contar con el apoyo de profesionales especializados en análisis financiero y evaluación de proyectos puede mejorar la precisión y validez de los resultados obtenidos.

En nuestro caso particular somos fanáticos del uso de EXCEL, si EXCEL, esta es una herramienta super poderosa, por ello recomendamos a los emprendedores que realicen un curso avanzado y empiecen a implementar su uso con herramientas de Inteligencia Artificial, integrando chat GPT o similares, podrán optimizar de forma exponencial su comprensión del resultado del proyecto.

Capítulo 7

Visión holística de proyectos de innovación bajo la perspectiva de la Inteligencia estratégica

Una visión holística de proyectos de innovación bajo la perspectiva de la inteligencia estratégica implica considerar todos los elementos y aspectos involucrados en la implementación exitosa de la innovación en una organización. La inteligencia estratégica se refiere a la capacidad de una empresa para recolectar, analizar y utilizar información estratégica para tomar decisiones informadas y anticiparse a los cambios del entorno (Aguirre 2015).

Esta visión holística busca garantizar que los proyectos de innovación estén alineados con la estrategia global de la organización y que se optimicen los recursos y esfuerzos involucrados. Además, se enfoca en la anticipación de riesgos y oportunidades, permitiendo una toma de decisiones proactiva y una adaptación ágil frente a los cambios del entorno empresarial.

En este capítulo, exploraremos la importancia de adoptar una visión holística en la gestión de proyectos de innovación, centrándonos en el enfoque de la inteligencia estratégica. Además analizaremos las herramientas y metodologías que pueden ayudar a las organizaciones a obtener una visión más completa de sus proyectos de innovación y a maximizar sus resultados.

También examinaremos cómo integrar la inteligencia estratégica en todas las etapas del ciclo de vida de la innovación, desde la identificación de oportunidades hasta la implementación y evaluación de resultados.

Concepto de Inteligencia Estratégica aplicada a la innovación.

La inteligencia estratégica aplicada a la innovación implica un enfoque proactivo y orientado al futuro, donde se busca recopilar información relevante sobre el entorno empresarial, la competencia, las tendencias tecnológicas y las necesidades del mercado. A través del análisis de esta información, se pueden identificar oportunidades de innovación y diseñar estrategias efectivas para abordarlas.

Esta metodología se basa en la idea de que la información es un recurso valioso que puede guiar las decisiones y acciones de una organización. Al contar con una inteligencia estratégica sólida, las empresas pueden anticipar los cambios, evitar riesgos innecesarios y tomar decisiones más acertadas en cuanto a la selección de proyectos de innovación, asignación de recursos y diseño de estrategias de mercado.

Fuente: https://www.projectamas.com/curso-introduccion-a-la-vigilancia-e-inteligencia-estrategica-2021/

La inteligencia estratégica aplicada a la innovación impulsa la capacidad de una organización para adaptarse rápidamente a los cambios y aprovechar las oportunidades emergentes. Al comprender los factores clave que influyen en la innovación, las empresas pueden tomar decisiones más informadas, invertir en proyectos con mayor potencial de éxito y lograr un impacto positivo en su competitividad y crecimiento a largo plazo.

La inteligencia estratégica se ha convertido en un concepto fundamental en el ámbito empresarial y de gestión. Se refiere a la capacidad de una organización para recolectar, analizar y utilizar información estratégica con el fin de tomar decisiones informadas y anticiparse a los cambios del entorno.

> "La Inteligencia Estratégica provee el marco metodológico para conocer las últimas tendencias en torno tecnológico de los productos y los procesos, para una correcta toma de decisiones que tendrán impacto en el crecimiento empresarial."

La inteligencia estratégica implica ir más allá de la simple recopilación de datos. Se trata de convertir la información en conocimiento accionable que permita a la organización identificar oportunidades, evaluar riesgos y desarrollar estrategias efectivas. Esto implica una visión integral y a largo plazo, donde se consideran tanto los factores internos como los externos que pueden afectar el desempeño y la competitividad de la organización.

Para aplicar la inteligencia estratégica, es necesario contar con procesos y herramientas adecuadas. Esto incluye la identificación de fuentes confiables de información, el análisis y procesamiento de los datos recopilados, la generación de conocimiento relevante, y la difusión y aplicación de ese conocimiento en la toma de decisiones estratégicas.

La inteligencia estratégica se utiliza en diversas áreas de la organización, como la planificación estratégica, la gestión de la innovación, la gestión del riesgo y la gestión del conocimiento. Permite a las organizaciones adaptarse rápidamente a los cambios, aprovechar las oportunidades emergentes y mantenerse competitivas en un entorno empresarial dinámico y altamente competitivo.

Al realizar un recorrido por las diferentes propuestas conceptuales de Inteligencia Estratégica, es importante resaltar que la única propuesta actual que cuenta con una representación visual es la de Aguirre, (2015), donde la inteligencia estratégica es la combinación de la vigilancia tecnológica (analiza el pasado), la inteligencia competitiva (analizan el presente), la prospectiva (analizan tendencias futuras), donde mediante la planeación estratégica, y la gestión de la innovación se complementan armoniosamente para la realización de planes específicos y cumplir los objetivos deseados por la organización impactando en el crecimiento del desempeño y la rentabilidad.

La anterior definición, puede llegar a ser compleja, es por eso por lo que Aguirre en el 2015 realiza una propuesta conceptual gráfica en la cual se pueden visualizar cada uno de los anteriores conceptos y su respectiva forma de integrarlos (figura 1).

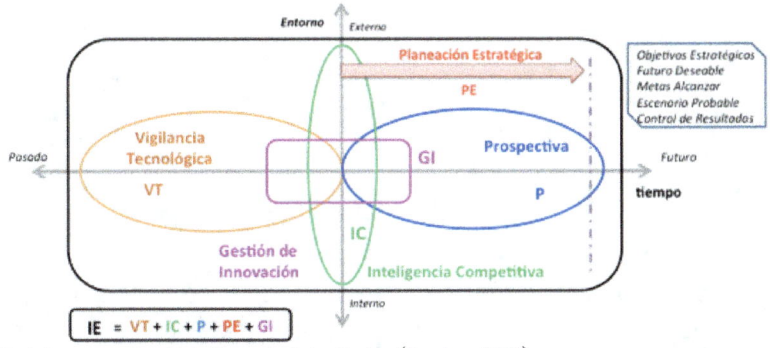

Modelo conceptual Inteligencia Estratégica (Aguirre, 2015)

De forma simple, es importante entender que la inteligencia estratégica no es una ciencia abstracta, compleja o herramientas muy sofisticadas de espionaje, de robótica o de inteligencia artificial. La presente propuesta conceptual y metodológica es un conjunto de técnicas, sistemas, procesos y procedimientos, estructurados de forma lógica, que permiten ser implementados en las organizaciones con la finalidad de incrementar la competitividad, el desempeño y la innovación en todo tipo de empresas.

Si bien es cierto recordar que esta es una metodología que ha sido resultado de la recopilación de las mejores técnicas existentes a la actualidad, también cuentan con desarrollo propio, el cual está pensado para poder ser implementado de forma fácil en las empresas.

La finalidad de la inteligencia estratégica es desarrollar habilidades en las organizaciones para poder innovar, de esta forma poder incrementar su participación en el mercado y convertirse en referentes en la industria. Es por ello por lo que innovar requiere planificación y análisis de la industria, los de sus competidores y las innovaciones en otras industrias.

La implementación de aplicaciones de inteligencia estratégica, en una organización, dinamiza el proceso de búsqueda de información relevante para la corporación, y brinda un panorama claro, que permite agilizar la toma de decisiones. A su vez se maximiza la posibilidad de identificar oportunidades de negocio, posibles amenazas y lo más importante es que permite conocer el entorno en el cual se puede mover una empresa cuando desea invertir en proyectos de investigación orientados a generar innovaciones, que a su vez se ven representadas en utilidades para la compañía.

Análisis y Diagnóstico de la situación Estratégica

El análisis y diagnóstico de la situación estratégica es un proceso fundamental para comprender el entorno empresarial y la posición de la organización en ese entorno. Consiste en recopilar, analizar y evaluar información relevante sobre factores internos y externos que pueden afectar la estrategia de la empresa.

Así como propone Aguirre (2020) en la etapa de diagnóstico, se examinan tanto los recursos internos de la organización, como sus fortalezas y debilidades, así como los factores externos, como el mercado, la competencia, las tendencias y los cambios en el entorno empresarial, las tecnologías, y las capacidades de innovación. El objetivo es identificar oportunidades y desafíos clave que puedan influir en el éxito de la estrategia.

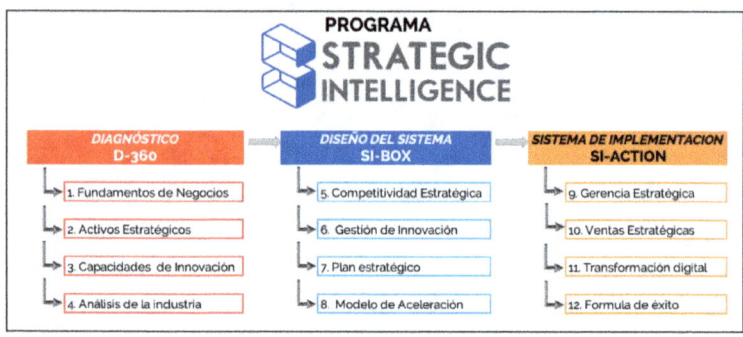

Fuente: INTELIGENCIA ESTRATÉGICA: fuente de Innovación Empresarial (Spanish Edition, 2020)

Este proceso proporciona una visión clara de la situación actual de la organización, ayuda a identificar posibles brechas entre la situación actual y los objetivos estratégicos, y orienta la toma de decisiones sobre las mejores acciones a seguir. El análisis y diagnóstico de la situación estratégica es esencial para el desarrollo de estrategias sólidas y efectivas que impulsen el éxito empresarial.

Según Aguirre (2015), el diagnóstico es un factor crucial para iniciar el proceso de implementación de la inteligencia estratégica, ya que la calidad de las estrategias a implementar depende en gran medida de la calidad de la información recopilada. En este sentido, se propone la realización de un diagnóstico D-360, el cual se basa en cuatro pilares principales: fundamentos de negocios, activos estratégicos, capacidades de innovación y análisis de la industria.

En primer lugar, los fundamentos del negocio se refieren a las características principales del emprendedor, analizando sus fortalezas y conocimientos especializados. También se debe tener en cuenta los recursos disponibles en todas sus dimensiones. Un aspecto clave a considerar es el análisis de las tecnologías existentes, así como su evaluación, ya que a partir de este punto se busca obtener una ventaja competitiva y analizar las posibles barreras de entrada al mercado.

Además, es importante realizar un análisis exhaustivo de las capacidades de innovación del emprendedor y de la empresa en general. Para ello, es necesario conocer en detalle el potencial y las limitaciones de la organización. Por último, no menos importante, se debe realizar un análisis sectorial y un estudio de inteligencia competitiva para identificar el entorno en el cual la empresa competirá.

Posteriormente, se procede al desarrollo del diseño del sistema SI-BOX, el cual abarca aspectos relacionados con la competitividad estratégica, el plan de implementación y la creación del modelo de aceleración. Este paso es fundamental, ya que de aquí se derivan las acciones y pasos a seguir en la siguiente etapa del proceso.

En la última sección, se hace hincapié en el proceso de venta digital. Se enfoca en la construcción de una comunidad (tribu), la creación de estrategias y la implementación de acciones para involucrar a los clientes. En esta sección, es recomendable tener un plan de acción claro, definir las herramientas a utilizar y establecer cómo se integrará con el proceso de transformación digital. Es fundamental conocer las herramientas clave para la creación y difusión de la plataforma digital que servirá como base del sistema de inteligencia estratégica.

En resumen, el diagnóstico D-360, el diseño del sistema SI-BOX y el enfoque en la venta digital son elementos fundamentales en la implementación de la inteligencia estratégica. Estos pasos permiten comprender el contexto del negocio, identificar oportunidades, desarrollar estrategias efectivas y utilizar de manera óptima las herramientas digitales disponibles. Desde una perspectiva de consultoría estratégica, estos procesos brindan una base sólida para tomar decisiones informadas y maximizar el potencial de la organización en un entorno empresarial en constante cambio.

Selección y priorización de proyectos de de alto impacto

La selección y priorización de proyectos de alto impacto es un proceso fundamental en la gestión de la innovación, ya que permite a una organización identificar y enfocarse en los proyectos que tienen el potencial de generar los mayores beneficios y contribuir significativamente a los objetivos estratégicos.

Para llevar a cabo este proceso, es necesario utilizar métodos y técnicas que ayuden a evaluar y comparar los diferentes proyectos en términos de su viabilidad, riesgos, beneficios, costos y alineación con la estrategia de la organización. Algunas de las herramientas más comunes incluyen el análisis de matriz de valor y riesgo, el análisis de costo-beneficio, el análisis de retorno de inversión y el análisis de impacto estratégico.

El análisis de matriz de valor y riesgo permite clasificar los proyectos en función de su valor potencial y los riesgos asociados. Esto ayuda a identificar aquellos proyectos que tienen un alto potencial de generar beneficios significativos y minimizar posibles riesgos.

El análisis de costo-beneficio evalúa los costos de implementación de un proyecto en comparación con los beneficios esperados. Esto ayuda a determinar la rentabilidad y el valor económico de cada proyecto.

El análisis de retorno de inversión (ROI) calcula la ganancia o beneficio obtenido en relación con el costo de inversión. Este análisis permite evaluar la rentabilidad financiera de los proyectos y tomar decisiones informadas sobre su priorización.

El análisis de impacto estratégico considera cómo cada proyecto contribuye a los objetivos estratégicos y la visión de la organización. Evalúa cómo un proyecto puede afectar el crecimiento, la competitividad y la posición en el mercado de la organización.

Además de utilizar estas herramientas, es importante involucrar a diferentes partes interesadas en el proceso de selección y priorización. Esto puede incluir a directivos, equipos de innovación, expertos en el tema y otras partes interesadas relevantes. La colaboración y participación de estas personas puede aportar diferentes perspectivas y conocimientos, enriqueciendo el proceso de toma de decisiones.

Para finalizar, la selección y priorización de proyectos de alto impacto es un proceso crítico que permite a una organización asignar sus recursos de manera eficiente y efectiva. Al utilizar métodos y técnicas adecuadas, se pueden identificar los proyectos más prometedores y alinearlos con los objetivos estratégicos de la organización, maximizando así los resultados empresariales y el valor generado a partir de la innovación.

Capítulo 8

Mejora Continua y Aprendizaje Organizacional

En el contexto de la innovación, la mejora continua y el aprendizaje organizacional en el contexto de la innovación. La mejora continua es un proceso que implica la revisión constante de los resultados obtenidos, la identificación de oportunidades de mejora y la implementación de acciones correctivas para optimizar los procesos y maximizar los resultados.

En este sentido, la mejora continua no se limita a un solo proyecto o iniciativa de innovación, sino que abarca todas las áreas y procesos de la organización. Se busca promover una cultura de aprendizaje y experimentación, donde los errores se ven como oportunidades para aprender y mejorar. Se fomenta la creatividad y la generación constante de ideas innovadoras, alentando a los empleados a proponer mejoras y soluciones creativas.

La combinación de la mejora continua y el aprendizaje organizacional crea un ciclo de retroalimentación y evolución constante dentro de la organización. El aprendizaje organizacional se refiere a la capacidad de la organización para adquirir, compartir y aplicar conocimientos, tanto internamente como a través de la colaboración externa. Implica aprender de la experiencia, tanto de los éxitos como de los fracasos, y utilizar ese conocimiento para mejorar continuamente los procesos y la toma de decisiones.

Al adoptar enfoques de mejora continua y aprendizaje organizacional, las organizaciones pueden adaptarse rápidamente a los cambios del entorno y aprovechar las oportunidades emergentes. Esto les permite mantenerse competitivas en un mundo en constante evolución, donde la innovación es clave para el éxito empresarial. La mejora continua y el aprendizaje organizacional se convierten en herramientas fundamentales para fomentar la innovación y el crecimiento sostenible en las organizaciones.

En resumen, la importancia de la mejora continua y el aprendizaje organizacional en el contexto de la innovación. Estos enfoques permiten a las organizaciones adaptarse, crecer y mantenerse competitivas en un entorno empresarial cambiante. Se explorarán enfoques prácticos y estrategias para implementar la mejora continua y fomentar el aprendizaje en toda la organización, promoviendo así el desarrollo de una cultura de innovación y excelencia.

Gestión del conocimiento y aprendizaje organizacional a través de la innovación

La gestión del conocimiento y el aprendizaje organizacional son elementos clave para impulsar la innovación dentro de una organización. La gestión del conocimiento se enfoca en capturar, almacenar y compartir el conocimiento existente dentro de la organización, así como en adquirir nuevo conocimiento de fuentes externas relevantes. Esto se logra a través de la creación de bases de datos, el uso de herramientas de colaboración y comunicación, y la promoción de una cultura de intercambio de conocimientos.

La gestión del conocimiento permite que los empleados accedan a la información y los recursos necesarios para desarrollar nuevas ideas y soluciones innovadoras. Al tener acceso a una base de conocimientos compartida, los empleados pueden construir sobre el trabajo de otros, evitar duplicaciones y acelerar el proceso de innovación. Además, la gestión del conocimiento facilita la identificación de expertos internos y promueve la colaboración y el trabajo en equipo.

Por otro lado, el aprendizaje organizacional se basa en la capacidad de la organización para aprender de sus experiencias y aplicar ese conocimiento en futuros proyectos. Esto implica la reflexión sobre los éxitos y fracasos, el análisis de las lecciones aprendidas y la implementación de mejoras en los procesos y las prácticas de trabajo. El aprendizaje organizacional fomenta la adaptabilidad y la agilidad, ya que permite a la organización ajustarse rápidamente a los cambios del entorno y tomar decisiones informadas basadas en la experiencia.

La innovación se beneficia directamente de la gestión del conocimiento y el aprendizaje organizacional. Al contar con un flujo constante de conocimientos y lecciones aprendidas, se generan las condiciones propicias para la generación de ideas innovadoras. La colaboración y el intercambio de conocimientos permiten la combinación de diferentes perspectivas y la creación de soluciones más creativas y disruptivas. Además, el aprendizaje organizacional garantiza que los errores y los fracasos se conviertan en oportunidades de aprendizaje, evitando la repetición de errores pasados y promoviendo la mejora continua.

En resumen, la gestión del conocimiento y el aprendizaje organizacional son elementos esenciales para fomentar la innovación en una organización. Estas prácticas permiten capitalizar el conocimiento existente, promover la colaboración y el intercambio de ideas, y aprender de las experiencias pasadas. Al integrar la gestión del conocimiento y el aprendizaje organizacional en la cultura y las prácticas de trabajo de la organización, se crea un entorno propicio para la innovación y se mejora la capacidad de la organización para adaptarse y prosperar en un entorno empresarial en constante evolución.

Mejora continua de los procesos de innovación y feedback loop

La mejora continua de los procesos de innovación se lleva a cabo a través de varios pasos clave. En primer lugar, se realiza un análisis exhaustivo de los procesos existentes, identificando las áreas que requieren mejoras y evaluando su efectividad en relación con los objetivos de innovación establecidos. Esto implica recopilar datos relevantes, medir el desempeño y compararlo con los estándares y las mejores prácticas del sector.

Una vez que se han identificado las áreas de mejora, se procede a realizar ajustes y modificaciones en los procesos. Esto puede implicar la optimización de los flujos de trabajo, la implementación de nuevas herramientas y tecnologías, la actualización de las políticas y los procedimientos, o la capacitación y el desarrollo del personal involucrado en los procesos de innovación.

Es fundamental establecer indicadores de desempeño y metas claras para medir el impacto de las mejoras implementadas. Esto permite monitorear y evaluar continuamente el progreso y los resultados obtenidos, asegurando que las acciones de mejora estén teniendo el efecto deseado.

En este proceso de mejora continua, el feedback loop desempeña un papel fundamental. El feedback se obtiene a través de diferentes fuentes, como la retroalimentación de los clientes, las opiniones de los empleados, las evaluaciones de los colaboradores y los resultados de las mediciones de desempeño. Esta información se recopila y se utiliza para realizar ajustes y mejoras en los procesos de innovación.

El feedback loop, por su parte, es una herramienta clave en el proceso de mejora continua. Se refiere al ciclo de retroalimentación en el que se recopilan comentarios, opiniones y sugerencias de diferentes partes interesadas, como clientes, empleados y colaboradores, y se utilizan para realizar ajustes y mejoras en los procesos de innovación. El feedback loop permite obtener información valiosa sobre la eficacia de las estrategias y acciones implementadas, así como identificar oportunidades de mejora y corrección de errores (Rigby & Zook, 2021).

El feedback loop se establece mediante la creación de canales de comunicación efectivos y la promoción de una cultura abierta a la retroalimentación. Se deben establecer mecanismos para recopilar, analizar y responder de manera oportuna a la retroalimentación recibida. Esto implica tomar en cuenta las sugerencias, corregir los errores identificados y reconocer los logros y las buenas prácticas.

A través del feedback loop, se generan nuevos aprendizajes que se integran en el ciclo de mejora continua. Esto permite que la organización se adapte rápidamente a los cambios, aproveche las oportunidades emergentes y responda de manera ágil a las necesidades del mercado y de los clientes.

La combinación de la mejora continua de los procesos de innovación y el feedback loop crea un ciclo de aprendizaje constante y progresivo. A medida que se implementan cambios y mejoras en los procesos de innovación, se obtiene información actualizada y se generan nuevos aprendizajes que se retroalimentan en el siguiente ciclo de mejora. Esto permite a las organizaciones optimizar su desempeño, minimizar errores y maximizar el impacto de sus iniciativas de innovación.

Liderazgo y gestión del cambio en proyectos de innovación

El liderazgo y la gestión del cambio desempeñan un papel fundamental en el éxito de los proyectos de innovación. En un entorno empresarial en constante evolución, es crucial que los líderes sean capaces de inspirar, motivar y guiar a sus equipos hacia la adopción de nuevas ideas y enfoques. El liderazgo efectivo en proyectos de innovación implica tener una visión clara, comunicar de manera convincente y fomentar un entorno que promueva la creatividad, el aprendizaje y la colaboración.

Además, la gestión del cambio implica la capacidad de identificar y superar las barreras y resistencias que surgen durante la implementación de proyectos de innovación. Los líderes deben ser capaces de gestionar las emociones y las expectativas de los miembros del equipo, proporcionar apoyo y recursos necesarios, y establecer un ambiente de confianza y seguridad psicológica. Asimismo, deben ser capaces de adaptarse rápidamente a los cambios y mantener la flexibilidad necesaria para ajustar los planes y estrategias en función de las circunstancias cambiantes.

El liderazgo y la gestión del cambio desempeñan un papel fundamental en el éxito de los proyectos de innovación. Un consultor de innovación puede ofrecer herramientas prácticas para fortalecer el liderazgo y gestionar eficazmente el cambio en este contexto. Aquí se presentan algunas de estas herramientas:

> **Comunicación efectiva:** Un consultor de innovación puede ayudar a los líderes a desarrollar habilidades de comunicación efectiva para transmitir una visión clara y convincente a sus equipos. Esto implica utilizar técnicas de comunicación persuasiva, como contar historias inspiradoras, utilizar metáforas o visualizar el futuro deseado. Además, se pueden

emplear herramientas de comunicación visual, como presentaciones impactantes o diagramas que simplifiquen conceptos complejos.

> Diseño de estrategias de cambio: Un consultor puede colaborar en el diseño de estrategias de cambio que permitan abordar las barreras y resistencias que puedan surgir durante la implementación de proyectos de innovación. Esto implica identificar los obstáculos potenciales, anticipar las reacciones y preocupaciones de los miembros del equipo, y desarrollar tácticas para abordarlos de manera efectiva. Las técnicas como el análisis FODA o el análisis de stakeholders pueden ser útiles para identificar los puntos críticos de cambio.

> Gestión de emociones y resistencias: Los líderes deben ser capaces de gestionar las emociones y las resistencias que pueden surgir durante los proyectos de innovación. Un consultor puede proporcionar herramientas para ayudar a los líderes a comprender y abordar las preocupaciones y temores de los miembros del equipo, brindar apoyo emocional y establecer un ambiente de confianza. Esto puede incluir técnicas de inteligencia emocional, como la escucha activa, la empatía y la gestión del conflicto.

> Creación de una cultura de aprendizaje y experimentación: Un consultor de innovación puede ayudar a los líderes a fomentar una cultura organizacional que promueva la creatividad, el aprendizaje y la experimentación. Esto implica establecer espacios y recursos para la generación de ideas, la colaboración entre equipos y la retroalimentación continua. Se pueden emplear herramientas como el diseño thinking, la lluvia de ideas o los experimentos rápidos para estimular la innovación y el aprendizaje constante.

> Flexibilidad y adaptación: La capacidad de adaptarse rápidamente a los cambios es esencial en proyectos de innovación. Un consultor puede proporcionar herramientas y

técnicas para ayudar a los líderes a mantener la flexibilidad y ajustar los planes y estrategias en función de las circunstancias cambiantes. Esto puede incluir metodologías ágiles de gestión de proyectos, como Scrum o Kanban, que permiten una respuesta ágil a los cambios y una entrega iterativa de resultados.

En conclusión, el liderazgo y la gestión del cambio son elementos esenciales para el éxito de los proyectos de innovación. Los líderes efectivos en este contexto son capaces de inspirar y motivar a sus equipos, superar las barreras y resistencias al cambio, y adaptarse rápidamente a las circunstancias cambiantes. El liderazgo y la gestión del cambio son habilidades clave que permiten a las organizaciones llevar a cabo proyectos de innovación exitosos y aprovechar al máximo el potencial de la innovación.

Referencias

Accenture (2019). Innovación para el éxito empresarial. Recuperado de https://www.accenture.com/_acnmedia/pdf-96/accenture-global-innovation-survey-2019.pdf

Aguirre, J. (2015). Inteligencia estratégica: un sistema para gestionar la innovación. Estudios Gerenciales, 31(134), 100-110. https://doi.org/10.1016/j.estger.2014.07.001

Aguirre, J (2020). INTELIGENCIA ESTRATÉGICA: fuente de Innovación Empresarial (Spanish Edition, 2020)

Afuah, A. (2003). Innovation management: strategies, implementation, and profits. Oxford University Press.

Anzola-Rojas, A., & De Simone, F. (2023). What Is Your Problem? Methodology Application in Healthcare Sector. In Proceedings of the 6th International Conference on Healthcare Systems and Global Business Issues (pp. 33-38). Springer.

Bock, Z., et al. (2021). Creating an Innovative Workplace: What Works, What Doesn't, and What Matters Most. Harvard Business Review.

Borrego, M. (2021). Cultura de la innovación: qué es y cómo desarrollarla en tu empresa. Recuperado de https://www.bbva.com/es/cultura-de-la-innovacion-que-es-y-como-desarrollarla-en-tu-empresa/

Brem, A., & Viardot, E. (2017). Innovation management: strategies, implementation, and profits. Springer.

Brem, A., Viardot, E., & Nylund, P. A. (2018). The future of innovation management: The next 10 years. R&D Management, 48(2), 191-194.

Brown, T. (2008). Design Thinking. Harvard Business Review Press.

Brown, T. (2019). Change by Design: How Design Thinking Transforms Organizations and Inspires Innovation. Harper Business.

Chesbrough, H. (2019). Open Innovation: The New Imperative for Creating and Profiting from Technology. Harvard Business Review Press.

Chesbrough, H. (2010). Business model innovation: Opportunities and barriers. Long Range Planning, 43(2-3), 354-363.

Damanpour, F., & Aravind, D. (2012). Managerial innovation: Conceptions, processes, and antecedents. Management and Organization Review, 8(2), 423-454.

Figueiredo, C., Vidal-Suarez, M. E., & Fernandez-Sanchez, M. (2022). What Is Your Problem? Methodology Effectiveness in Developing Innovative Solutions. International Journal of Innovation and Technology Management, 19(02), 2150017.

Ferreira, G., Martins, A., & Ferreira, J. J. (2023). Customer Journey Mapping: A Tool to Improve Customer Experience. In Advances in Human Factors and Ergonomics in Healthcare and Medical Devices (pp. 173-181). Springer. https://doi.org/10.1007/978-3-030-91998-3_20

Flores-Roux, E., & Zavala-Hernández, A. (2022). Understanding the Importance of Market Segmentation in the Development of Buyer Personas. Journal of Marketing Analytics, 10(2), 67-79. https://doi.org/10.1057/s41270-021-00102-6

Johnson, R., & Anderson, L. (2022). Resource and Capability Management for Successful Implementation. Journal of Innovation and Resource Management, 15(3), 256-278.

Gassmann, O., Frankenberger, K., & Csik, M. (2020). Revolution of innovation management: Volume 2–The digital breakthrough. Springer.

Gómez-Ruiz, E., & López-López, M. (2022). Developing user requirements in a mobile application for emotional wellbeing: An approach based on participatory design. International Journal of Environmental Research and Public Health, 19(1), 277. https://doi.org/10.3390/ijerph19010277

Hansen, M. T., & Birkinshaw, J. (2019). The innovation imperative. Harvard Business Review, 97(1), 94-105

Kim, W. C., & Mauborgne, R. (2005). Blue Ocean Strategy: How to Create Uncontested Market Space and Make Competition Irrelevant. Harvard Business Review Press.

McGrath, R. G. (2020). Seeing Around Corners: How to Spot Inflection Points in Business Before They Happen. Houghton Mifflin Harcourt.

Mehra, S., & Maheshwari, P. (2021). Measuring innovation performance: A systematic review of literature. Journal of Innovation & Knowledge, 6(2), 61-76.

Mehra, A., & Goyal, P. (2020). Strategic intelligence as a driver of innovation capability: An empirical analysis. International Journal of Strategic Management, 20(3), 205-218.

Nambisan, S. y Barón, R. A. (2019). La disrupción digital y la innovación. Harvard Deusto Business Review, 294, 76-85. Recuperado de https://www.hdb.cat/sites/default/files/pdf/HDB294-076-085.pdf

Navarro-García, J. M. Torralba-Martínez y M. J. López-Quiles (2021), "Strategic Innovation Planning: A Systematic Review and Future Research Agenda", Sustainability, 13(7), 3643.

Naseri, N. R. Karimzadeh y A. Mahmoudi (2022), "The Role of Innovation Strategy and Implementation in Business Performance: A Case Study", Journal of Business Research, 145, 392-405

Osterwalder, A., Pigneur, Y., Bernarda, G., & Smith, A. (2014). Value Proposition Design: How to Create Products and Services Customers Want. John Wiley & Sons.

O'Reilly, C. A., & Tushman, M. L. (2019). Ambidexterity as a Dynamic Capability: Resolving the Innovator's Dilemma. Research in Organizational Behavior.

Paolucci, E., & Baldi, F. (2021). Strategic intelligence and innovation: A systematic literature review. International Journal of Innovation Management, 25(3), 2150021.

Rigby, D. K., & Zook, C. (2021). Innovation: A capability-driven approach. Harvard Business Review, 99(4), 96-105.

Schmidt, B., et al. (2022). The Key to Inclusive Innovation. MIT Sloan Management Review.

Senge, P. M. (2014). The Fifth Discipline: The Art and Practice of the Learning Organization. Crown Business.

Smith, A., & Brown, C. (2021). Resource Allocation in Innovation Projects. Journal of Innovation Management, 18(2), 120-135.

Teece, D. J., Pisano, G., & Shuen, A. (2017). Dynamic Capabilities and Strategic Management: Organizing for Innovation and Growth. Oxford University Press.

Teece, D. J. (2018). Profiting from innovation in the digital economy: Enabling technologies, standards, and licensing models in the wireless world. Research Policy, 47(8), 1367-1387.

Tidd, J., & Bessant, J. (2018). Managing innovation: Integrating technological, market and organisational change (6th ed.). John Wiley & Sons.

Van de Ven, A. H., & Sun, K. (2018). Breakdowns in implementing models of organization change. Academy of Management Perspectives, 32(1), 47-70.

Weng, Q. (2021). The impact of strategic intelligence on firm performance: An empirical study in China. International Journal of Innovation Studies, 5(3), 215-228.

Recursos Adicionales

Libros:

- "The Innovator's Dilemma" de Clayton M. Christensen.
- "The Lean Startup" de Eric Ries.
- "Design Thinking: Integrating Innovation, Customer Experience, and Brand Value" de Thomas Lockwood.
- "Business Model Generation" de Alexander Osterwalder y Yves Pigneur.
- INTELIGENCIA ESTRATÉGICA: fuente de Innovación Empresarial (Spanish Edition)
- Gestión Innovación Empresarial: Conceptos, Modelos y Sistemas

Artículos y revistas académicas:

- [Modelo estadístico para la medición del impacto de la innovación o transferencia tecnológica en la rama agropecuaria](#)
- [Indicadores de innovación tecnológica](#)
- [Medición de las capacidades tecnológicas para la innovación en los sistemas de conocimiento e innovación agrícola](#)
- [Desarrollo de una Metodología de Evaluación de Capacidades de Innovación](#)
- [Metodología para medir y evaluar las capacidades tecnológicas de innovación aplicando sistemas de lógica difusa caso fábricas de software](#)

Videos:

- Qué entendemos por gestión de la innovación?: https://www.youtube.com/watch?v=BSAzeZaZ_UE
- ¡Inteligencia Estratégica! https://www.youtube.com/watch?v=1pZk-B6qNaU

- ¿Cómo crear un modelo de gestión de Innovación? https://www.youtube.com/watch?v=93UpnyDrlRg&t=6s
- https://www.youtube.com/watch?v=S7HWXBT2WEU
- https://howtoreframe.wordpress.com/

Podcasts:

- "The Innovation Show": Entrevistas con líderes empresariales y expertos en innovación que comparten sus ideas y experiencias.

- "HBR IdeaCast": Podcast de Harvard Business Review que aborda temas actuales relacionados con la gestión y la innovación.

- "Emprende" de RTVE: Programa en el que se comparten historias de emprendedores y se abordan temas relacionados con la gestión empresarial y la innovación.

- "El Podcast de Marketing Online" de Joan Boluda: En este podcast se exploran estrategias de marketing digital y se discuten casos de éxito en el mundo empresarial.

- "Emprendedores Digitales" de Luis Ramos: En este podcast se abordan temas relacionados con el emprendimiento digital, la tecnología y la innovación en los negocios.

Webs

- OpenStax: https://openstax.org/
- Project Gutenberg: https://www.gutenberg.org/
- Open Library: https://openlibrary.org/
- Internet Archive: https://archive.org/
- Directory of Open Access Journals: https://doaj.org/
- Free-eBooks.net: https://www.free-ebooks.net/
- ManyBooks: https://manybooks.net/
- LibriVox: https://librivox.org/
- Bartleby: https://www.bartleby.com/

www.ingramcontent.com/pod-product-compliance
Lightning Source LLC
Chambersburg PA
CBHW071521220526
45472CB00003B/1109